Reihe: Unerwünschte Bücher zum Faschismus Nr. 5

AHRIMAN-Verlag

Unser Programm ist die

Wiederkehr des Verdrängten

Eva Brück

Im Schatten des Hakenkreuzes

Kindheit und Jugend 1926 – 1949

Mit einem Vorwort von Peter Priskil

Vorwort

Wieder ist es die Authentizität des nachfolgenden Berichts, die uns dazu bewogen hat, ihn in die Reihe der »Unerwünschten Bücher zum Faschismus« aufzunehmen. Damit meinen wir weniger die Zeitzeugenschaft bei historischen Ereignissen wie dem Aufstand der Wiener Arbeiterschaft 1934 oder der Ermordung von Dollfuß und dem Anschluß Österreichs an Nazideutschland. Es ist vielmehr die atmosphärisch dichte, lebendig beschriebene Wahrnehmung der faschistischen Barbarei aus Kinderperspektive, aus der Sicht eines Opfers, dessen maschinelle Vernichtung schon beschlossene Sache war. Bei der Lektüre der nachfolgenden niederträchtigen Mißhandlung, die die Autorin von Hitlers Schergen erleiden und an anderen Verfolgten beobachten mußte, vergegenwärtige man sich nochmals die feig-verlogene Rechtfertigung all der Gaffer, Mitläufer und Mittäter, die von allem »nichts gewußt« haben wollen und bei den Pogromen, wie heute auch wieder, Maulaffen feilhielten. Hitler gewann in Deutschland und Österreich, weil der überwiegende Rest glotzte, so wie sich auch heute kein Einwand erhebt, wenn Träger einer politisch oder religiös von der fdGO-Norm abweichenden Meinung in den wirtschaftlichen Ruin getrieben, mit Zensur belegt oder auf offener Straße angepöbelt werden. Was seinerzeit der Davidstern, leistet heute nicht minder effizient, aber leider ohne potenten Kriegsgegner, das »Sekten«-Etikett.

Es ist dies indes nicht die einzige nützliche Lehre, die man den nachfolgenden Schilderungen entnehmen kann. Liest man von der schäbigen Behandlung, die verdiente Antifaschisten im englischen Exil erdulden mußten, so erhält man einen Eindruck von dem Fäulniszustand der spätkapitalistischen Demokratien, die eher aus Zwang denn aus Überzeugung zu Kriegsgegnern Hitlers wurden. Sie hatten Franco den Vorzug vor der spanischen Republik gegeben und hätten auch mit Hitler in herzlichem Einverständnis gelebt, wenn der es nicht auch auf ihre Pfründe abgesehen hätte. So mußte man sich eben wehren und konnte noch nach Kriegsende sehr aufrichtig bedauern, mit Hitler »das falsche Schwein« geschlachtet zu haben. Den Wurf der Nazibrut konnte man freilich im Kampf gegen den sich formierenden »Ostblock« gut gebrauchen, da war man generös, Diktatur hin und Massenmord her. Denn auch dies zeigt, in subjektiver Spiegelung, das Buch: daß die DDR der moralisch bessere der beiden deutschen Staaten war; hier fanden Hitlers überlebende Gegner Zuflucht. Freilich nur für etwas mehr als 40 Jahre. Wer der Gestapo entwischt war, findet sich, falls die

Natur nicht ein gnädigeres Urteil gesprochen hat, vor westdeutschen Gerichten der Hitler-Enkel wieder oder teilt mit dem annektierten Osten Deutschlands das Schicksal der Verelendung. Der Schatten des Hakenkreuzes reicht weit, also weit über die zwölf Jahre der Hitler-Herrschaft hinaus. Ob es tausend Jahre werden, wird die Zukunft zeigen.

Doch die wichtigste Botschaft des Buches ist vielleicht diese: Auch wenn das Ideologem »jüdische Rasse« objektiv schwachsinnig ist – es gibt nur eine jüdische Religion –, so beruhte die Massenvernichtung der Juden doch nicht nur auf einem »leeren Wahn« der Nazis. Man lese die nachfolgende Geschichte eines **durchschnittlichen** jüdischen Kindes in einer **durchschnittlichen** deutschen jüdischen Familie, und man erkennt, wie gezielt Hitlers grausige Selektion war. Hinsichtlich der Bildung, der moralischen Integrität, des Unrechtsempfindens sind die hier vorgestellten Menschen dem getauften Rest gewissermaßen organisch um Zehnerpotenzen überlegen. Indem Hitler die religiöse Minderheit der Juden auslöschte – die, wenn auch stark dezimiert, ja immerhin das wirklich Tausendjährige Reich des christlichen Mittelalters überlebt hatte –, löschte er auch diese Haltung im gesamtgesellschaftlichen Maßstab aus. Insofern war der Faschismus nicht nur ein Sieg des Kapitals, sondern auch ein Triumph der Niedrigkeit. In den Worten der Autorin: »Immer wieder hatte mein Vater in mir das Gefühl verstärkt ..., daß gerade die Geächteten, Verfolgten, die mehr Lebensmut, mehr Standhaftigkeit, Solidarität und Ehrlichkeit aufbringen mußten als ihre Peiniger, die besseren Menschen waren und sind.« Hitlers Ausrottungsfeldzüge und die Politik seiner westdeutschen Erben haben dazu geführt, daß diese Haltung im »postmodernen« neuen Mittelalter nur noch in homöopathischer Dosis anzutreffen ist. Selbstverständlich sind diese Eigenschaften nicht ererbt, sondern erworben, und zwar in jahrhundertelanger Ghettoïsierung, und sie sind auch kein jüdisches Spezifikum, sondern Merkmal jeder religiösen Minderheit, die besonderer Fähigkeiten bedarf, um in feindseliger Umgebung zu überleben, so etwa die christlichen Armenier im türkisch-islamischen Herrschaftsbereich, deren Schicksal unbekannt genug ist. Ihre Abschlachtung während des Ersten Weltkriegs – der erste Genozid in diesem Jahrhundert, der diesen Namen verdient – war Hitlers unmittelbares historisches Vorbild. Franz Werfel hat dem Martyrium des armenischen Volkes mit seinem Roman ›Die vierzig Tage des Musa Dagh‹ ein so eindrucksvolles literarisches Denkmal gesetzt, daß Hitler dieses Werk sofort verbieten ließ: waren hierin doch seine künftigen Verbrechen bis ins Detail enthalten.

Insofern ist auch dieses Buch »unmodern«, »undenkvoll«, wie Orwell sagen würde, und aus eben diesem Grund haben wir – mancher Differenzen wie etwa zu Trotzki oder der »Einheitsfront« ungeachtet – dieses Buch veröffentlicht. Das Manuskript ist am selbstzerstörerischen bürokratischen Starrsinn der untergegangenen DDR, d. h. deren heimlichem Todestrieb, gescheitert. Die Bösartigkeit der westdeutschen Annexionisten wäre sein Todesurteil gewesen. Es erfüllt uns mit Genugtuung, mit dieser Veröffentlichung einen aufschlußreichen Bericht dem kollektiven Vergessen entrissen und niederträchtigem Kalkül einen Strich durch die Rechnung gemacht zu haben.

Peter Priskil

Vorwort der Autorin

Was ist »jüdisches Glück«? Wenn der Stein, der nach einem Juden geworfen wird, einen anderen trifft.

Ohne etwas »jüdisches Glück« hätten auch wir – meine Familie und ich – den Holocaust nicht überlebt.

Jedes »jüdische Glück« hat seine besondere Geschichte. Bald wird es niemanden mehr geben, der sie aus eigener Erfahrung erzählen kann. Viele dieser Geschichten sind bedeutend dramatischer als meine. Es geht auch nicht um mich – es geht um jenen Teil meiner Generation, der diese Zeit als Kind erlebt hat. Das, was der Mensch als Kind erlebt, prägt sein ganzes weiteres Leben.

Ich wollte meinem Schicksal danken, indem ich versucht habe, einen bescheidenen Beitrag dazu zu leisten, daß sich die Menschen überall besser verstehen, daß sie weniger beschränkt und dafür toleranter und einfühlsamer werden sollen – und vor allem dazu, daß sich eine Nazizeit nie wiederholen dürfe.

Darum bin ich damals voller Ideale an den Ort meiner Geburt zurückgekehrt; ohne Einladung, ohne Entsendung, ohne Paß, Visum und fast ohne Geld; auf dem Fahrrad aus der englischen Emigration, als Gepäck über den Kanal.

Meine Ideale, unsere Ideale, die Hoffnungen der Jugend jener Tage nach 1945, erwiesen sich als Illusion.

Mit den Menschen, wie sie in der überwiegenden Mehrheit deformiert wurden und werden, kann man keine dauerhafte soziale Gerechtigkeit und keinen dauerhaften Frieden schaffen, denn die Kurzsichtigkeit ihres nur scheinbaren Egoïsmus, das ziellose Streben nach Macht und Reichtum sind stärker ausgeprägt als alle anderen menschlichen Motivierungen.

Und so haben Machtmißbrauch, Karrieristentum, Feigheit, Heuchelei und Knechtssinn – gefördert durch 12 Jahre Naziherrschaft in Deutschland – dazu geführt, daß kaum ein halbes Jahrhundert vergangen ist, bis in Deutschland wieder Hakenkreuze auftauchten, Rassismus und Antisemitismus ihre scheußliche Fratze zeigten.

Jahrzehntelang bin ich durch die Welt gereist, um Brücken bauen und an Kreuzwegen den richtigeren aufzeigen zu helfen, in einer Zeit, da es fast unmöglich war, für eine Frau allein, ohne »höhere Beziehungen«, ohne Parteizugehörigkeit durch die Mauer in die Welt hinaus zu dringen und danach den eingemauerten, isolierten Menschen zu erzählen, wie es dort draußen aussah.

Die vorliegende »Reportage« über meine Reise ins Leben ist die Einleitung zu der ganzen Sammlung von Reportagen aus 4 Jahrzehnten und 4 Kontinenten.

Ich wollte einen Blick auf die Welt werfen, in welche diejenigen meiner Generation, die nur durch etwas »jüdisches Glück« den Holocaust überlebten, hineingeboren wurden; nicht aus der Sicht eines außergewöhnlichen Menschen, sondern vom Blickpunkt eines der ganz gewöhnlichen Leute, die die überwiegende Mehrheit der Erdenbewohner ausmachen und die einfach in den Strudel ihrer Zeit mit hineingerissen wurden.

Eva Brück

Im Schatten des Hakenkreuzes

Kindheit und Jugend 1926 – 1949

Inhalt

»DER SCHOSS IST FRUCHTBAR NOCH, AUS DEM DAS KROCH!«*

(I) **Berlin 1926–1933**

Berlin am Vorabend der Nazizeit; geschützte Kindheit in stürmischen Tagen; politische Versammlungen; Wahlrummel; die »weltliche Schule«; im Freundeskreis der Familie; Menschen mit großen Idealen; die Künstler vom Breitenbachplatz; Hitler ergreift die Macht; erste Hausdurchsuchung; Flucht des Vaters; wir tauchen unter; erste Emigration Berlin-Wien.

(II) **Wien 1933–1938**

Das »Schwanzende des roten Wien«; Februar-Aufstand 1934; bedeutende Zeitereignisse: die »Tscheljuskin«-Expedition; die Ermordung von Engelbert Dollfuß; Schluß mit der weltlichen Erziehung; Abessinien und Spanien; Antisemitismus in Wien; düstere Vorboten des Faschismus; Schule und Ferienkolonien – Erziehungsbausteine; 13. März 1938; Dr. K. Schuschnigg tritt zurück; entsetzliche Szenen nach dem Einmarsch der Nazis in Wien; erneute Hausdurchsuchung; Flucht im letzten Moment.

(III) **England 1938–1949**

Zweite Emigration, Österreich-England; wieder ein Neubeginn; Gegensätze: entwurzeltes, entbehrungsreiches Emigrantenleben und geschützte, sorglose Schulumwelt; der Krieg bricht aus; Evakuierung der Schule; Hitlergegner hinter der Front; Blitzkrieg in London; Umzug nach Oxford; Emigrantenclubs, Jugendorganisationen im Exil; britische Emigrantenpolitik, Internierung; Kultur im Exil; Universitätsstudium in Oxford; erste Arbeitsstellen, erste Entlassungen; Inspiration durch eine Rundfunksendung; Abreise aus England: per Fahrrad, ohne Paß und Visum und fast ohne Geld; Ankunft im zerbombten Berlin; auf dem Möbelwagen durch das Brandenburger Tor; Fackelzug am 7.10.1949.

(IV) **Epilog**

---

* Aus: »Der aufhaltsame Aufstieg des Arturo Ui« von Bertolt Brecht.

Jedesmal, wenn meine Schubladen so überfüllt sind, daß ich nicht umhin kann, sie aufzuräumen und den Inhalt zu sortieren, fällt mir ein kleines, rotes Poesiealbum in die Hände. Abgegriffen im Lauf von fast einem halben Jahrhundert, sind manche Seiten schon gelockert, einige sind eingeklebt, einem anderen seinesgleichen entnommen, das bei einer Hausdurchsuchung durch die Nazis zerrissen, mit Nähmaschinenöl aus einer zerbrochenen Flasche beschmiert und auf die Erde geworfen worden war, zusammen mit Schulheften, Nähgarn, Büchern, einem Tintenfaß und anderen Gegenständen aus Fächern und Regalen herausgezerrt.

In meiner Schulzeit war es die große Mode, ein Poesiealbum zu führen. Die Eintragungen stammen aus den Jahren 1938 bis 1943, Daten, die für mich mit verschiedenen Lebensstationen, Menschen und Ländern verbunden sind. Fünf Jahre in der Kindheit und Jugend haben eine viel größere Bedeutung als dieser Zeitraum später im Leben. Die Daten in dem Poesiealbum stehen weder ganz am Anfang meiner Reise ins Leben, noch gehen sie bis in die späteren Jahre. Meine frühesten Erinnerungen sind nur Bruchstücke und Momentaufnahmen, ergänzt durch das, was in Wirklichkeit nur aus Berichten von Verwandten und Freunden bekannt ist. Einige Erlebnisse aus der frühesten Kindheit jedoch haben sich so scharf eingeprägt, daß sie sogar in Einzelheiten von der Zeit nicht verlöscht werden können.

Als mir vor kurzem wieder einmal jenes kleine rote Poesiealbum in die Hände fiel und ich darin blätterte, ging mir der Gedanke durch den Kopf, daß jene Jahre, aus denen die Eintragungen stammen, entscheidend waren für die Geschichte eines Teiles meiner Generation; Menschen, die ganz anders waren als diejenigen der heutigen Generation in unserem damaligen Alter, deren Umwelt sich aber in vielem sehr ähnlich ist.

Eva Brück im Alter von 16 Jahren, England.

Vater Milan und Mutter Sophie Morgenstern,
Berlin 1921.

I

Berlin 1926–1933

Berlin, Januar 1933

Auf dem Nollendorfplatz schoben sich die Menschen aneinander vorbei. Verschiedene Leute, alte und junge, verkauften Papierfähnchen, andere klapperten mit Blechbüchsen und brüllten etwas dazu.

Am Eingang der U-Bahnstation stand ein Knirps in einem dunkelblauen Matrosenmantel, in langen braunen Wollstrümpfen und Schnürstiefeln, in der Hand eine Blechbüchse mit roter Papier-Bauchbinde und krähte: »Wählt Liste 3, für die KPD und die antifaschistische Aktion!« Der Knirps schüttelte die Blechbüchse und schob sie einem älteren Arbeiter in blauem Kittel unter die Nase, der gerade die Rolltreppe heraufgefahren war. Im Knopfloch des Matrosenmantels steckte ein Papierfähnchen mit Hammer und Sichel.

»Viel Glück, Genosse!« sagte der Arbeiter, freundlich mit den Augen zwinkernd, und warf eine Mark in die Büchse.

Der Knirps im Matrosenmantel war ich, damals noch mit blondem, kurzem Haar. Ich weiß das nur von alten Photos und Menschen, die mich aus der damaligen Zeit kannten, selber erinnere ich mich nicht mehr daran; nur an die Tatsache, daß ich mich geärgert habe, wenn mich später, als mein Haar schon nachgedunkelt war, Leute hänselten mit der Bemerkung, ich hätte mir wohl das Haar nicht gewaschen …

Eine ganze Mark und »Genosse« hat er gesagt, dachte ich, und dabei fuhr es mir vor Stolz ganz heiß durch den Körper. Ermutigt brüllte ich noch lauter und klapperte mit meiner Büchse einen dicken Mann mit glänzender Glatze und wabbeligem Gesicht an, der sich keuchend, von der Rolltreppe kommend, einen Weg durch die Menschenmenge vor dem Ausgang bahnte. Diesmal hatte ich Pech: »Dumme Jöhre! Weg mit dem Ding!« pöbelte der Dicke und gab mir im Vorbeigehen einen Puff.

Mir gegenüber hatte sich ein größerer Junge postiert. Auch er klapperte mit einer Blechbüchse und brüllte aus voller Kehle: »Wählt Liste 1 – Nationalsozialistische Deutsche Arbeiterpartei!« versuchte er mich zu überschreien. Er trug ein braunes Hemd und eine rote Armbinde mit schwarzem Hakenkreuz in weißem Kreis. Seine Stimme krächzte, einmal klang sie tief, dann in piepsendem Falsett, seine Halsadern waren ganz geschwollen vor Anstrengung, und als der Dicke mich beiseite schubste – fast in den Einkaufskorb einer sehr breiten Frau –, grinste der Braune gegenüber hämisch. Die Menge wurde immer dichter, um den U-Bahn-Eingang bildete sich ein lärmendes Menschenknäuel; man schrie durcheinander, stieß und drängelte. »Verdammte Scheißkerle«, schimpfte eine erregte, heisere Männerstimme ganz in der Nähe. »Der Knast is viel zu jut für euch Jesindel – abknallen sollte man det janze rote Dreckpack!« Der Mann, zu dem die Stimme gehörte, hatte ein bläulich-rotes, wutverzerrtes Gesicht. Dann kreischte eine Frau, und die Leute fingen an, sich zu schubsen und zu balgen. Ich bekam Angst, sah mich um nach meinem Vater und dessen Freund, dem »langen Erich« mit der schwarzen Binde über dem einen Auge, und brüllte verzweifelt: »Wählt Liste 3 – antifaschistische Aktion!« und klapperte mit meiner Büchse, in die noch weitere Münzen hineingeworfen worden waren.

Gottseidank! Da tauchten sie aus der Masse auf … Mit einem Schwung war ich wieder in Sicherheit, auf Vaters Schultern, hoch oben über dem wogenden Menschenmeer.

*

Mein Vater war nicht sehr groß, schmächtig, flink und gewitzt. In kritischen Momenten legte er seine hohe Stirn in Falten und zog die Augenbrauen hoch, so daß er mich an ein Bild des Teufels in einem Märchenbuch erinnerte – aber an einen äußerst gutmütigen Teufel, mit schalkhaftem Lächeln in den großen, dunklen Augen. Nie habe ich ihn schlechter Laune gesehen; selbst in den schlimmsten Zeiten verlor er nie seinen Humor und Optimismus. Dort oben auf seinen Schultern thronend, hatte ich das Gefühl, daß mir nichts in der Welt etwas anhaben könnte.

Zu Hause gab es nach derartigen Abenteuern immer heftige Auseinandersetzungen mit meiner Mutter: »Wie kannst du nur das Kind zu sowas mitschleppen?! Unverantwortlich ist das! Und an mich denkst du dabei überhaupt nicht. Weltverbesserer willst du sein – aber was hier zu Hause wird, ist dir wohl ganz egal …«

»Meinst du, die Politik verschont die Kinder? Sollen sie doch ruhig wissen, was da los ist«, antwortete mein Vater und versuchte die Mutter zu beruhigen. »Du wirst wohl nie erwachsen werden«, sagte sie dann mit einem Seufzer. Doch da wußte ich schon, daß die beiden wieder friedlich sein würden. Wenn meine Mutter das mit dem »nie erwachsen werden« zum Vater sagte, durchlief mich immer eine Welle der warmen Solidarität mit ihm. Er war doch erwachsen, wußte eine Antwort auf alle meine vielen Fragen, die er geduldig anhörte; alles konnte er mit so einfachen Worten erklären. Dennoch bekam er Schimpfe, so wie ich. In meinen Augen konnte er einfach alles; vor allem konnte er wunderbar erzählen und vorlesen. Man brauchte gar nicht ins Theater zu gehen: Wenn er vorlas oder erzählte, konnte ich mir alles bildhaft, lebendig und bunt vorstellen. Sogar mit verschiedenen Stimmen konnte er sprechen: in einer hohen Fistelstimme, die sehr komisch klang und mich auch zum Lachen brachte, wenn ich krank war und Schmerzen hatte, oder er sprach im tiefen Baß. Von den vielen Büchern, die er vorlas, war ich so gefesselt, daß ich bald anfing, selber zu lesen.

Im Arbeitszimmer meines Vaters waren die Wände bis zur Decke hin mit Büchern getäfelt, zu denen ich freien Zugang hatte – vorausgesetzt, ich blätterte darin mit sauberen Händen, machte keine »Eselsohren« hinein und kritzelte nicht auf die Seiten. Ich lernte sehr früh, ein Buch als einen Freund zu betrachten, der gut behandelt werden muß. Es erzählt von Menschen, Ländern, Zeiten und Tieren, die man nicht kennt. »Selbst wenn einer in seinem Leben viel herumkommt, viele Leute kennenlernt, viel erfährt – alles kann kein Mensch kennenlernen und erfahren; vor allem nicht das, was sich vor seiner Geburt abgespielt hat – aber ein Buch, das bringt dir die ganze Welt ins Zimmer, die Vergangenheit, die Gegenwart, andere Länder, andere Völker ...«

Wie oft mußte ich an diese Worte in späteren Jahren denken, besonders als das Fernsehen aufkam, das Theater, Kino und auch die Bücher in den Hintergrund verdrängte. Es bringt wohl die Welt ins Wohnzimmer – aber immer nur so, wie sie der jeweilige Regisseur darstellt. Ein Buch läßt dem Leser volle Freiheit der Phantasie und kann durch nichts ersetzt werden.

Meine Eltern waren sehr verschiedenartig in ihrem Wesen. Vielleicht haben sie sich darum so gut ergänzt. Öfter wurde ich nachts wach, ringsum war es still, und alle schliefen längst, nur bei meinem Vater brannte noch Licht: er las, machte sich Notizen und versuchte stets allen Dingen auf den Grund zu gehen. Bis zuletzt war er immer bestrebt, immer mehr zu lernen und zu wissen. Keinem Kampf zur Durchsetzung seiner Ideen auf dem Gebiet der Heilpädagogik oder zur Verwirklichung seiner hohen menschlichen Ideale ging er aus dem Weg. Ich begriff das damals zwar mehr instinktiv, als daß ich verstand, worum es bei den vielen, oft hitzigen Streitgesprächen mit den verschiedensten Leuten ging, die die Erwachsenen mit »Herr Doktor« oder »Herr Professor« anredeten; während viele dieser Herren mir hochmütig, zuweilen sogar meinem Vater gegenüber gemein schienen, war er zwar leidenschaftlich, oft sogar heftig, behandelte aber niemals Menschen von oben herab. Zu jedem Opfer war er bereit – sogar wenn wir mit dem Geld sehr sparen mußten, nahm er von unbemittelten Patienten für die Behandlung kein Geld.

Darüber kam es zwischen meinen Eltern immer wieder zu Auseinandersetzungen. Ärger gab es oft auch morgens, wenn mein Vater in aller Seelenruhe mit einer grünen und einer roten Socke aus dem Haus gehen wollte. Meine Mutter, stets die praktische Stütze der Familie, sorgte für Ordnung und kümmerte sich um die täglichen Belange unseres Lebens. Immer elegant in ihrer Erscheinung und Haltung, stets umweht von angenehmem, frischem Duft, war sie in jeder Situation eine Dame, selbst inmitten von Tumult und Schrecken. War die Spannung eines kritischen Moments vorüber, konnte sie, als Reaktion, zeitweilig die Nerven verlieren. Während sie im Angesicht der Gefahr durch ihre ruhige, bestimmte Art die Lage beherrschte, Achtung und Vertrauen einflößte und ungewöhnlichen Mut und Entschlossenheit zeigte, konnte eine Maus sie in Angst und Schrecken versetzen. Einmal ertappte ich sie auf dem Küchentisch, den Blick starr und düster auf ein kleines, graues Mäuschen gerichtet – das ebenfalls vor Angst erstarrt in ihre Richtung blickte. Als ich auftauchte und das Mäuschen verschwand, schritt sie würdig vom Tisch herunter, mit einer Miene, als wäre nichts Außergewöhnliches passiert …

Als Kind fand ich ihre »Vornehmheit« entsetzlich: sie verlangte immer, daß ich mich »anständig benehmen«, keine »unanständigen Ausdrücke« gebrauchen und ordentlich sein sollte – an und für sich keine übermäßig hohen Ansprüche. Aber gerade diese Dinge lagen mir gar nicht. Die Mißachtung, die mein Vater gegenüber solchen irdischen Banalitäten wie Abwaschen, Staubwischen, Aufräumen usw. zur Schau trug – lästige Störungen beim Studium, beim Lernen, Lesen, Musikhören –, war eher nach meinem Geschmack. Ihr Leben lang bedauerte meine Mutter zutiefst, daß sie es, trotz größter Bemühungen, nicht geschafft hatte, aus mir eine »Dame« zu machen. Ihre vornehme Wesensart erbte mein Bruder. Bei mir stellte die ganze, zahlreiche Verwandtschaft immer wieder fest, daß ich den Charakter meines Großvaters väterlicherseits hätte – »leider« –, denn dieser Großvater war … ein waschechter serbischer Zigeuner. (Meine Mutter sprach nicht gerne davon.) Ich erfuhr dies erst viel später, als wir bereits Berlin verlassen hatten und nach Wien übergesiedelt waren. Bis zu meinem siebenten Lebensjahr lebten wir in Berlin. Fragte mich jemand, wo ich wohnte, dann antwortete ich in einem einzigen Wort: »Berlin-Steglitz-Feuerbachstraße-15-umnumeriert-61«.

Dieses einzige, lange Wort beinhaltete für mich alles Vertraute, das mit meiner Familie, mit meinem »Zuhause« verbunden war. In dieser Zeit war ich noch sehr klein; beim Friseur in der Bismarckstraße, einem Herrn Göhrke, heulte ich vor Angst, wenn er mit dem Föhn um meine Ohren sauste. Er erinnerte mich an das Dröhnen von Flugzeugen – ich nannte sie »Mondsurrer« – und fürchtete mich vor ihnen. Sehr bald jedoch gab es viel realere Dinge in meinem Leben, die nicht nur Kindern Angst einflößten, und auf Fragen hatte ich dann eine andere Antwort parat, nachdem mich meine Mutter belehrt hatte, daß man fremden Leuten gegenüber sehr vorsichtig sein müßte und ihnen ja nichts erzählen dürfte. Denn viele Leute, sagte sie, wären böse und gemein, horchten Kinder aus und brächten Väter und Mütter ins Gefängnis, wo es ihnen schlecht ginge und sie manchmal sogar sterben müßten. »Darum«, sagte meine Mutter, »wenn ein Fremder dich fragt, wo du wohnst, oder dir andere Fragen über unsere Familie und Freunde stellt – dann antwortest du nur eins: ›MEIN NAME IST HASE, ICH WEISS VON NICHTS!‹ – Nur das und sonst nichts, hörst du? Und wenn der Fremde noch so freundlich tut!« Vor allem warnte mich meine Mutter vor Leuten in Uniform.

Selbst wenn die Lebensumstände in späteren Jahren ganz anders wurden – solche Warnungen aus der frühen Kindheit, erhärtet durch Erfahrungen, die sie als gerechtfertigt erwiesen, prägen sich so tief in das Bewußtsein ein, daß sie in ganz anderen Zeiten oft zu Reaktionen führen, die in der veränderten Situation von der Umwelt als unangebracht empfunden und nicht verstanden werden.

Als mein Bruder und ich in Berlin geboren wurden, hatte sich mein Vater schon als Psychologe und Heilpädagoge eine Existenz geschaffen. Bekannte Kinderärzte, wie Professor Czerny und Professor Hallauer von der Charité, schickten ihm Patienten, sein Name war in vielen Ländern bekannt, und von überall kamen Eltern behinderter Kinder zu ihm, die Rat und Hilfe suchten. Ich erinnere mich noch bildlich an eine kleine blonde Irmelin aus Norwegen und einen wilden, schwarzhaarigen, dunkeläugigen Jungen namens Marcello aus Brasilien und dessen Vater, Señor Salles, einen großen Mann mit dunklem Haar und dunklen Augen, mit hellem Strohhut und Spazierstock – wie der »reiche Onkel aus Amerika« in vielen Filmen aus und über diese Zeit.

Wir wohnten in einem Bürgerhaus mit grauer Fassade, um die Jahrhundertwende solide gebaut, in einer Drei-Zimmer-Wohnung, mit einer großen Küche und »Mädchenkammer«, Bad, Balkon, Warmwasser und Zentralheizung. (Das Badezimmer blockierte mein Vater oft stundenlang, zur Verzweiflung meiner Mutter: er benutzte es als »Dunkelkammer« zum Entwickeln seiner Filme – er war ein hervorragender Photograph, und seine »Leica« ist heute noch in Gebrauch.)

Es waren damals, kurz vor der Machtübergabe an die Nazis, böse Zeiten in Berlin. Die Warnungen meiner Mutter waren begründet: selbst kleine Kinder waren von den politischen Kämpfen und Intrigen jener Tage nicht ausgenommen. Überall trieben sich angeheuerte Spitzel und Denunzianten herum. Einmal spielte ich auf der Straße vor dem Haus. Ein fremder Mann fiel mir auf, er sah immer auf mich – ich verstand nicht, warum. Nach einer Weile lief ich mit meinem Ball um die Ecke, um ihn abzuschütteln – aber bald tauchte er wieder auf.

»Warum läufst du denn weg? Hier – nimm ein Bonbon! Ich kenne deinen Vati gut … wo ist er denn jetzt?« Der Mann hatte eine ölige Stimme, seine Freundlichkeit empfand ich als unecht, er war mir unangenehm, und ich bekam Angst.

»Mein Name ist Hase, ich weiß von nichts!« sagte ich und rannte schnell nach Hause. Aufgeregt berichtete ich das Erlebnis. Meine Mutter war sehr ernst und besorgt. Ich war stolz und erfreut, als sie sagte, ich hätte es gut gemacht, mich mit dem fremden Mann nicht einzulassen. Fast täglich tobten jetzt Schlachten zwischen »Roten« und »Braunen« auf den Straßen. Jedes von uns Kindern fühlte sich zu einer dieser Gruppen zugehörig, es gab kaum »Neutrale«; das Leben verschonte uns nicht. Immer wieder hörte ich von Kindern, mit denen ich auf der Straße spielte, daß ihre Väter, Brüder, Onkel eingesperrt, »angepfiffen« oder »verdroschen« worden waren. Auch andere Kinder unserer Straße erzählten, daß sie von einem fremden »Onkel« angesprochen worden waren, der ihnen Süßigkeiten angeboten und mit gemachter Freundlichkeit versucht hatte, sie über ihre Familien auszufragen. Bei einem Spaziergang kamen wir einmal an einer langen Menschenschlange vor einem grauen Gebäude vorbei. Mein Vater erklärte mir, warum die vielen Männer und Frauen dort standen – obwohl es kalt war und regnete. »Das sind Menschen, die keine Arbeit haben«, sagte er. »Jeden Morgen gehen sie früh aus dem Haus, um sich in solchen Schlangen anzustellen, in der Hoffnung, eine Stelle zu bekommen. Denn – wer nicht arbeitet, verdient kein Geld, und ohne Geld kann man nichts kaufen.« Diese Erfahrung – daß man ohne Geld nichts kaufen kann – machte ich bei dem ersten Schulausflug.

Ich war kurz vor dem Reichstagsbrand in die sogenannte »Weltliche Schule« in Berlin-Schöneberg gekommen. Die meisten Lehrer dort waren Sozialdemokraten oder Kommunisten, und es gab, wie der Name der Schule besagt, dort keinen Religionsunterricht. Bei jenem Schulausflug war unser Lehrer, Herr Walther, schon etwas vorausgegangen, als ein Mann mit einem Bauchladen auftauchte. Ich drängelte mich in die Gruppe von Kindern, die sich um den

Verkäufer scharten, um einen der mit Schokolade überzogenen Eislutscher zu ergattern. Plötzlich hatte ich auch einen Lutscher in der Hand ... aber: »Na, und der Sechser?« erklang die fordernde Stimme des Verkäufers.

Ich hatte keinen Sechser. Ich hatte im Moment einfach nicht daran gedacht, daß man für Dinge, die man kaufen wollte, bezahlen mußte. Daß »Nehmen« ohne »Bezahlen« »Klauen« war – das wußte ich natürlich – im Prinzip. Das war auch nicht meine Absicht gewesen. In dem Moment, da der Verkäufer mit freundlichen Worten seine Lutscher an die Kinder verteilte, hatte ich einfach auch meine Hand ausgestreckt und einen Lutscher bekommen. Nur hatten die anderen Kinder offenbar ihre Sechser dafür bezahlt. Und dann wurde mir meine Lage bewußt – ich schämte mich furchtbar und fing an zu heulen. Durch den entstandenen Tumult aufmerksam geworden, eilte Herr Walther herbei, bezahlte den Sechser und sagte zu mir: »Du darfst niemals vergessen, daß nichts im Leben – aber auch gar nichts – dir geschenkt wird. Alles hat seinen Preis, und den mußt du bezahlen ...«

Unter den vielen Arbeitssuchenden der frühen dreißiger Jahre gab es viele Frauen und Mädchen, die sich um eine Stellung im Haushalt bewarben. Wir hatten in Berlin immer ein Dienstmädchen: einmal war es eine Minna, dann wieder eine Erna, Marie oder Martha. Sie wechselten recht oft. Bei jedem Wechsel gab es Tage, an denen die Bewerberinnen um die Stellung bei uns wie in einem Wartezimmer herumsaßen. Wenn meine Mutter sich dann für eine der Bewerberinnen entschieden hatte, bezog diese die »Mädchenkammer« neben der Küche und mußte noch einen »Sonderkursus« bei meinem Vater absolvieren, der ihr, mit Hilfe von Plastilin, beibrachte, wie man Nudeln, Knödel und Nockerln zubereitet.

Während mein Vater mit seinen Patienten arbeitete, duldete er keinen Lärm. Zu diesen Zeiten waren mein Bruder und ich froh, in der Obhut des Dienstmädchens auf dem Lauenburger Platz oder im Stadtpark spazierenzugehen, wo ich »japanische Kirschen« – die leuchtend roten Früchte der Eberesche oder des Feuerdorns – für meine Puppenküche sammeln konnte. Im Frühling und im Sommer, wenn die Sonne schien, zog meine Mutter uns beide in einer quietschenden Karre in die Kauschstraße, wo wir in einer Laubenkolonie einen kleinen Garten mit Laube gepachtet hatten. Die Laube wurde »bewacht« von »Herrn Richter« – einer lebensgroßen Puppe aus Zeitungspapier und Lumpen, mit aufgemaltem Gesicht und langer, imposanter Nase, mit viel Geschick von meiner Mutter angefertigt. »Herr Richter« trug einen ausrangierten Anzug und alte Schuhe meines Vaters, er thronte auf einem Gartenstuhl in der Laube, und von weitem schien es tatsächlich, als säße dort ein Mann, der Wache hielt.

Meine Mutter erzählte oft mit Stolz, daß überall ringsum eingebrochen würde – bei uns aber nicht, denn »Herr Richter« ...

Wir spielten im Garten oder auf der Straße, mit Kindern aus der Nachbarschaft, und freuten uns, wenn wir gegen Abend, hungrig von der Bewegung in der frischen Luft, unter der Pumpe abgewaschen und dann in der alten Quietsch-Karre wieder nach Hause geschuckelt wurden, wo das Abendbrot uns erwartete. Vögel flogen zwitschernd durch die milde Luft, Insekten schwirrten über unseren Köpfen, die Glocke der Nathanael-Kirche schlug sechsmal. Die goldene Abendsonne beleuchtete ein Meer von schwarz-weiß-roten Hakenkreuzfahnen, die aus den Fenstern der Neubauwohnungen in der Kauschstraße flatterten. Mein Vater schimpfte oft auf die reaktionären Beamten, die viele der vierstöckigen Häuser dieser Straße bewohnten.

An Regentagen spielten wir während Vaters Arbeitszeit im Kinderzimmer, das wegen des goldenen Musters der Tapete auf blauem Grund von meiner Mutter die Bezeichnung »Goldenes Zimmer« erhalten hatte. Seine Fenster blickten auf einen gepflegten Hof mit Zierobstbäumen. Ich kannte diesen Hof in allen Einzelheiten, auch die Stimmen der Hausfrauen und Dienstmädchen, die dort Teppiche ausklopften, Mülleimer ausleerten oder miteinander schwatzten. Viele erkannte ich schon am Klang ihrer Schritte. In milden Frühlings- oder Sommernächten kroch ich gerne leise aus dem Bett, nachdem meine Mutter das Licht ausgeschaltet hatte, kletterte auf einen Stuhl und sah aus dem Fenster in die Dunkelheit. Ich versuchte ihre Geheimnisse zu ergründen und stellte mir vor, daß dort, wenn es ganz still war, Geister spuken müßten, wie in den Märchen, die uns oft vor dem Schlafengehen von den Eltern vorgelesen wurden. Einmal kam eine Eule ganz dicht an das Fenster heran, setzte sich auf den Ast eines Baumes vor dem Fenster und begann gespenstisch zu schreien ...

Meine Mutter hatte für alles eine besondere Bezeichnung: so, wie sie unser Kinderzimmer das »Goldene Zimmer« nannte, hatte sie dem Zimmer, das zugleich das Arbeitszimmer meines Vaters und unser Wohn- und Eßzimmer war, den Namen »Herrenzimmer« gegeben. Diese Bezeichnungen rufen auch heute noch die vertraute Atmosphäre jener Zimmer in mein Gedächtnis. Dieses »Herrenzimmer« hatte einen Balkon, mit Blick auf die ruhige, respektable Feuerbachstraße, mit ihren soliden, grauen Mietshäusern. Auf unserer Straßenseite, ein paar Häuser weiter in Richtung der verkehrsreichen Bismarckstraße, befand sich der Gemüseladen der runden, lärmigen Frau Klawitter. Im Sommer hatte sie an der Ecke der Feuerbachstraße auch noch einen Verkaufsstand. Mit heiserer Stimme pries die kleine, dicke Frau mit dem lustigen Gesicht und dem derben Berliner Humor lautstark ihre Ware an. Ich fand das interessant; besonders, wenn sie ihre feisten, roten Backen aufblies, die dabei aussahen wie die Äpfel, die sie verkaufte, und dann so richtig loslegte, wobei ihre Halsadern anschwollen.

Eine vornehme Tante, die meine Mutter besuchte, fragte mich eines Tages, was ich wohl später einmal werden wollte. »Marktschreierin – wie Frau Klawitter!« war meine Antwort.

Im Sommer bimmelte oft der Eisverkäufer in unserer Feuerbachstraße. Aus allen Richtungen kamen dann die Kinder angelaufen, sie drängelten sich um den Wagen und kauften Eis, das der Verkäufer, nachdem er die silbrig-glänzenden Glocken über den Eisbehältern abgenommen hatte, mit einer Holzkelle herausschabte und auf eine Waffel strich, die er in einen Metallhalter gelegt hatte; er deckte noch eine Waffel darüber, und das ganze wurde dann aus dem Halter herausgeschoben – ein faszinierender Vorgang, den ich immer wieder ganz genau verfolgte. Das Eis roch so appetitlich, daß mir das Wasser im Mund zusammenlief. Wie gerne hätte ich auch eine Eiswaffel gekauft – aber das erlaubte meine Mutter uns nicht: Eis vom Wagen, meinte sie, wäre nicht immer ganz einwandfrei, es könnte uns davon schlecht werden. Wir gingen darum in die Eisdiele um die Ecke, in der Körnerstraße.

Jahrelang war ich sicher, daß diese Eisdiele sich in der Kaulbachstraße befand; ein Ausflug in die Vergangenheit – zuerst auf dem Stadtplan und danach ein Besuch dieser Gegend, sehr viele Jahre später – hat mein Gedächtnis korrigiert: die Kaulbachstraße ist weiter weg von der Feuerbachstraße, die heute ganz anders aussieht, als ich sie im Gedächtnis hatte. Unser ehemaliges Wohnhaus wurde im Krieg zerstört, und alles schien mir in Wirklichkeit viel kleiner als in der Erinnerung. Am Lauenburger Platz allerdings sammeln auch heute noch kleine Mädchen für ihre Puppenküchen rote »japanische Kirschen« …

Oft sah ich in unserer Straße einen Pferdewagen, von dem Männer mit Lederkapuzen über Kopf und Schultern und dicken Handschuhen große Eisblöcke abluden und in Häuser und Geschäfte trugen – die Kühlschränke waren in jenen Tagen noch nicht elektrisch. Krumme Haken am Ende von langen Stangen bohrten sich in das Eis, wie Zähne, wenn die Männer die Eisblöcke vom Wagen herunterholten und sie dann, zu zweit, auf den Schultern zu ihren Kunden trugen. Wenn ich gerade in der Nähe Kreisel spielte, lief ich mit den anderen Kindern zu dem Wagen, und wir hoben kleinere Eisstücke, die heruntergefallen waren, von der Erde auf und lutschten mit Begeisterung daran; meine Mutter durfte mich bei dieser hygienisch etwas fragwürdigen Beschäftigung allerdings nicht erwischen, das hätte Krach gegeben.

Sehr gerne stand ich auf unserem Balkon und betrachtete das Leben und Treiben auf der Straße. Manchmal in der Abenddämmerung, wenn die Laternen unten aufleuchteten, meinte ich, dort, wo das Licht nicht hinschien, geheimnisvolle Schatten herumhuschen zu sehen. Gingen dann die Lichter hinter den Fenstern der Häuser auf der anderen Straßenseite an, dann sah ich hinüber und versuchte mir vorzustellen, was wohl in den Zimmern hinter jenen Fenstern vorgehen mochte (das tue ich auch heute noch gerne). Ich sah hinüber, bis es kühl wurde, und rannte dann vom Balkon hinein ins warme, helle »Herrenzimmer«, vergrub mich in einen der großen, bequemen Sessel, am liebsten mit einem Buch, oder setzte mich an den schön gedeckten Abendbrottisch und genoß die Geborgenheit unseres »Zuhause«.

Eines Tages fand ich in einer der Bücherwände des »Herrenzimmers« einen Bildband mit dem Titel: ›Moskau‹. Darin waren viele Bilder der Stadt und ihrer Bewohner. Auf einem dieser Photos wurde ein Junge gezeigt, der im Schnee stand, in einem zerrissenen Mantel, der ihm viel zu groß war. Auch die Schuhe und die Pelzmütze waren zerschlissen und viel zu groß. Der Junge bestand nur aus Haut und Knochen – aber er stand da, breitbeinig, selbstbewußt, lachte unbekümmert und blickte unternehmungslustig drein. Im Hintergrund des Bildes waren die Umrisse von Gebäuden, Türmen mit Sternen auf den Spitzen, zu erkennen. Mein Vater kam hinzu, als ich das Bild betrachtete, und kommentierte: »Da staunst du, was? Verlaust, verdreckt, hungrig, durchgefroren in den alten Klamotten – aber grinst von Ohr zu Ohr! Fast, als wüßte er, daß die Sterne dort auf den Türmen verkündeten, daß es ihm bald besser gehen würde ... So etwa, wie die Hakenkreuze hier bei uns vor üblen Dingen warnen!«

In unserem »Herrenzimmer« versammelten sich öfter Freunde meines Vaters, die sich »Genosse« nannten. Es waren darunter Musiker, Schauspieler, Künstler, Ärzte, Lehrer, Juristen. Einige Namen sind mir noch geläufig; auch die dazugehörigen Gesichter sehe ich noch vor mir: Stefan und Willi Wolpe, ein Musiker und ein Künstler; Jascha Horenstein, Dirigent; Erwin Faber und Grete Jacobsen, Schauspieler, und Gretes Schwester Hansi; Conny Linz, Lehrer. Mit einigen ist die Freundschaft bis zu ihrem Tod, mit anderen, die noch leben, bis heute erhalten geblieben. Oft saßen diese Menschen bei uns, im verrauchten »Herrenzimmer«, oder sie versammelten sich in der Wohnung der Pianisten Franz und Tamara Osborn, in der Künstlersiedlung am Breitenbachplatz, wohin mich mein Vater oft mitnahm. Mir imponierte diese Wohnung, vor allem wegen des großen, schwarzen Flügels, der einen bedeutenden Teil des Raumes einnahm, und wegen der »Sophitenlampen« – sie sahen aus wie die heutigen

Leuchtröhren, befanden sich über einer breiten, bequemen Eck-Couch und gaben dem Zimmer ein mildes Licht.

Es wurde heftig diskutiert, geraucht, rezitiert, musiziert. Ich saß auf der Couch neben meinem Vater oder auf einem großen, weichen Sitzkissen auf dem Teppich, hörte andächtig zu und beobachtete die Gesichter der Menschen. Erregt waren sie, mit lebhaftem Mienenspiel, temperamentvollen Bewegungen; sehr unterschiedlich im Aussehen, in der Art zu sprechen, manche waren lustig und humorvoll, andere ernst und nachdenklich oder traurig. Alle aber hatten etwas, das ich als sehr zuverlässig, gut und stark empfand. Sie schienen mir wie von innen her erleuchtet, erfüllt von einer großen Leidenschaft. Damals hatte mich ihre Gegenwart begeistert, manchmal war mir ganz schwindlig vor Glück, ohne daß ich diesen Zustand hätte bewußt wahrnehmen und noch weniger in Worte fassen können. Begriffe, die in ihren Gesprächen immer wieder vorkamen, haben mich nachhaltig beeindruckt, wenn ich auch damals ihren Sinn bestimmt nicht in vollem Umfang verstehen konnte; diese Begriffe waren wie Teile eines Puzzle-Spiels, die erst im Verlauf der Jahre zu einem Weltbild zusammengefügt wurden.

Es ging in diesen Gesprächen um »Sozis« und »Nazis«; um »Kommunisten«, »Reichstagswahlen«, »Genossen«, die »verhaftet«, »freigelassen«, »ins Ausland geschafft« worden waren; immer wieder wurden der »Reichstagsprozeß«, »Dimitroff«, »Thälmann« und »Hitler« erwähnt; es fielen die Worte: »Nazischweine« und »Bourgeoisie«, »Opportunisten« und »Trotzkisten«.

Wie beschäftigt mein Vater auch sein mochte – er fand immer die Zeit, mir geduldig zuzuhören und meine zahllosen Fragen zu beantworten. Seine Antworten waren einfach und einleuchtend. Und so entstanden damals die ersten Grundbegriffe meiner »Philosophie«: zunächst bestand die Menschheit damals für mich aus »Kommunisten« (»Guten«), »Nazis« (»Bösen«) – und einer Art »Gemisch«: Menschen, die sich nicht entscheiden konnten und die feige waren. Zu ihnen zählte ich vor allem die »Sozialdemokraten«, die »Parteilosen«, die »Religiösen« und die »Bourgeoisie«, wobei die beiden letzten Kategorien in meiner Vorstellung die »Spießer« und die »Vornehmen« waren, die immer etwas zu »meckern« hatten, niemals das sagten, was sie wirklich dachten, und vor denen man sich vorsehen mußte. Diese »philosophischen Grundbegriffe« paarten sich mit bestimmten Grundregeln, die mir immer wieder eingeprägt wurden: »Sprich nicht so laut! Du weißt nie, wer noch zuhört!« – »Sag das nicht am Telephon!« – »Schreib das nicht in Briefen, die mit der Post geschickt werden!« – »Merk dir alles ganz genau – schreib nichts auf, das von anderen gelesen und eventuell gegen dich verwendet werden könnte!« Das waren

Mahnungen von Menschen, denen ich vertraute, Mahnungen, die immer wieder zu hören waren und die in Fleisch und Blut gedrungen sind. Unbewußt beeinflussen sie das ganze Leben, bestimmen Verhaltensweisen, Reaktionen und menschliche Beziehungen. Das Allerschlimmste, was es damals – und auch heute noch – für mich gab und gibt, ist die »Petze« unter Kindern, der »Verräter und Denunziant« unter Erwachsenen. Durch die Gespräche in meiner damaligen Umwelt glaubte ich, daß die Bezeichnung »Trotzkist« gleichbedeutend wäre mit dieser schlimmsten aller Sorten Mensch – obgleich ich mir darunter eigentlich nichts Konkretes vorstellen konnte. Dieser Begriff wurde immer in dem Sinne gebraucht, daß so bezeichnete Leute »Kommunisten verraten« hätten; wie, wieso, warum – das wußte ich nicht.

Unter den vielen Gedichten, die mein Vater uns vorlas oder rezitierte, waren auch Gedichte von Heine:

»Der schlimmste Schuft im ganzen Land –
das ist und bleibt der Denunziant!«

So heißt es in ›Krähwinkels Schreckenstagen‹. Das habe ich nie vergessen.

Lebensumstände verändern sich natürlich im Lauf der Jahre; menschliche Eigenschaften ändern sich nicht so schnell. Darum kommen sogar in ganz anderen Lebensumständen Verhaltensweisen zum Ausdruck, die noch aus bereits überwundenen Verhältnissen stammen und die Reaktionen hervorrufen können, die ebenfalls in früheren Zeiten, aus früher bestehenden Situationen heraus entstanden sind. Was sich in frühen Jahren einprägt, sitzt sehr fest im Bewußtsein. Vielleicht fällt es mir darum bis heute schwer, Schwächen in »guten« und positive Seiten an »bösen« Menschen anzuerkennen …

Eines Tages, als unsere Tante Lotte, die Schwester meiner Mutter, mit meinem Bruder und mir spazierenging, kamen wir an einer Litfaßsäule vorbei; darauf klebte ein großes Plakat mit einem Hitler-Bild über einer Wahlparole. Mein Bruder – schwarzhaarig, dunkeläugig, ein kleiner Pummel im weißen Pelzmäntelchen, zeigte mit dem Finger auf das Plakat und piepste: »Das da ist unser Feind!« Tante Lotte war das äußerst peinlich, zumal Leute auf uns aufmerksam wurden und mit drohenden Blicken in unsere Richtung sahen. »Gerade wollte ich euch das Märchen vom Kaffeeböhnchen erzählen«, sagte Tante Lotte laut, in gemachter, nervöser Freundlichkeit und zerrte uns schnell weiter.

Meine Eltern waren in jenen Tagen in der Russischstunde. Sie lernten die Sprache bei einer kleinen, lebhaften Russin, die wir »Towarischtsch Charon« nannten. Mein Vater hatte sie während seiner Tätigkeit bei der »Internationalen Arbeiterhilfe« (IAH) kennengelernt (er leitete für diese Organisation eine

Fürsorgestelle im Berliner Arbeiterbezirk Wedding, die sich um Kinder und Jugendliche kümmerte, deren Eltern sich aus politischen Gründen in Haft befanden und die mit dem Gesetz in Konflikt geraten waren). Besagte Russin war Pädagogin und hatte gerade ihre Ausbildung in Berlin beendet. Sie wollte meine Eltern überzeugen, daß es für sie das beste wäre, angesichts der drohenden Machtübernahme durch die Nazis mit ihr nach Moskau zu fahren, wo die Fähigkeiten, vor allem meines Vaters, dringend gebraucht würden.

Ich hatte in der letzten Zeit öfter Gespräche über dieses Thema in unserem »Herrenzimmer« gehört, und für mich war der Gedanke, nach Moskau überzusiedeln, reizvoll und aufregend: war doch Moskau damals für mich eine Art Mekka, wo »Die Guten« stärker waren als »Die Bösen« und wo man keine Angst vor Nazis zu haben brauchte. Meine Mutter wollte dagegen auf keinen Fall nach Moskau fahren.

»Auch wenn ihr mich für feige und bürgerlich haltet«, sagte sie, »ich kann nicht mit meiner Familie in einem geteilten Zimmer mit Fremden leben!«

Als »Towarischtsch Charon« wieder nach Moskau zurückfuhr, begleiteten sie meine Eltern zum Bahnhof. Ich wurde beauftragt, auf meinen kleinen Bruder aufzupassen. Das Dienstmädchen hatte Ausgang, und wir blieben alleine zu Hause.

Es wurde dunkel. Draußen regnete es, und die Tropfen pladderten gegen die Fensterscheiben. In der Wohnung herrschte eine fast unheimliche Stille. Neben der Schiebetür, die vom Schlafzimmer der Eltern ins »Herrenzimmer« führte, stand eine Nähmaschine der Marke »Singer«. Rechts von ihr befand sich ein Fenster mit Blick auf die Feuerbachstraße. Wir verkrochen uns in einen Polstersessel. Darüber, an der Wand zwischen den beiden Fenstern des Zimmers, hing eine Reproduktion von Vermeers »Mutter mit krankem Kind«, und neben dem Sessel, kurz vor dem zweiten, stand eine Kommode aus hellgelbem, poliertem Holz, mit dunkelbraunem Rand. (Wie auch die »Singer«-Nähmaschine, haben das Vermeer-Bild und die Kommode meine Kindheits- und Jugendjahre auf allen Wegen begleitet.) An der Rückwand des Zimmers standen zwei breite Betten nebeneinander, über jedem Bett war eine kleine Leselampe an der Wand angebracht.

Im Halbdunkel erschienen alle Gegenstände im Zimmer wie lauernde Schattengestalten. Plötzlich war von irgendwoher ein heiserer, gequälter Schrei zu hören; es klang wie die Stimme eines Menschen, aber entstellt und unnatürlich. Sekunden später erblickte ich durch das Fenster die Umrisse eines überdeckten Lastwagens vor dem Nachbarhaus. Zwei Männer in SA-Uniform schleiften einen Menschen mit zerrissenen Kleidern und wirrem Haar aus dem

Haustor und stießen ihn in den Lastwagen, der sofort abfuhr. Dann war wieder alles geisterhaft still. Ich war starr vor Entsetzen. Mein Bruder fuhr ungestört mit seinem kleinen Finger die Sessellehne entlang und murmelte schläfrig vor sich hin.

Mich überkam jäh der Drang, ihn zu beschützen, er war ja noch klein, und ich war für ihn verantwortlich. Ich legte meinen Arm um ihn. Er schaute ganz verwundert aus seinen runden, schwarzen Augen auf mich – denn er war von mir vor allem Grobheiten gewöhnt und war schon zufrieden, wenn ich ihn in Ruhe ließ. Dann sang ich aus voller Kehle das Lied, das meine Eltern im Russischunterricht gelernt und uns beigebracht hatten – von Dunja und dem Kommissar …

In jenem Augenblick hörte ich den Schlüssel in der Wohnungstür. Meine Mutter stürzte ins Zimmer und rief:

»Bist du verrückt, Kind? Das darfst du doch nicht so laut singen!« Sie schimpfte noch eine ganze Weile, aber ich war so froh, daß meine Eltern wieder da waren.

Nicht lange nach diesem Ereignis machten die Nazis nachts bei uns eine Hausdurchsuchung. Ich erwachte aus tiefstem Schlaf und glaubte, noch zu träumen: das Zimmer sah aus wie eine Räuberhöhle. Alles lag auf dem Fußboden durcheinander – Wäsche, Bücher, Spielzeug; fremde Männer in SA- und SS-Uniform brüllten in bellendem Kommandoton meine Mutter an, die mit meinem verschlafenen, weinenden Bruder auf dem Arm im Nachthemd dastand. Ein SA-Mann hielt eine Pistole in der Hand und sagte: »Ein Kommunistenschwein haben wir eben abgeknallt … jetzt holen wir uns das nächste …«

Ich bekam einen Schreck und wurde hellwach. Plötzlich mußte ich an jenen grauenvollen Schrei am Abend der Abreise von »Towarischtsch Charon« denken. Ich sah mich im verwüsteten »Goldenen Zimmer« um und erblickte, hinter einem blauen Vorhang am Fußende meines Bettes, hinter dem Schlafröcke und ein Wäschesack hingen, meinen Vater – reglos und bleich, wie eine Wachsfigur. Ich erstarrte vor Schreck: gleich würden die Männer, die alles durchstöberten, den Vorhang wegreißen, ihn finden und …

Lärm von der Straße – rauhes Gebrüll, Schreie, ähnlich jenem Schrei von damals – unterbrachen meine Gedanken; und dann, auf einmal, wie durch ein Wunder, waren die Nazis wieder weg; verschwunden – so plötzlich, wie sie aufgetaucht waren. Noch einige Augenblicke blieben wir alle reglos. Ob sie zurückkommen würden? In jener Nacht kamen sie nicht wieder. Noch ehe der Morgen graute, wurde mein Vater von seinen Genossen aus Deutschland weggebracht.

Meinem Bruder und mir wurde nachdrücklichst angeordnet, auf jede Frage über den Vater und die Familie ausschließlich und stur nur mit den Worten zu antworten: »MEIN NAME IST HASE, ICH WEISS VON NICHTS!« »Nur so – und kein Wort mehr – verstanden? Egal, was passiert, egal, wer fragt, und wenn der Onkel oder die Tante noch so freundlich ist und noch so viel verspricht!«

Mein Bruder und ich wurden in diesen Tagen zu Tante Lotte gebracht. Damals erlaubte ihr Mann ihr noch, uns »großmütig« aufzunehmen; ihm wurde gesagt, unsere Mutter wäre krank. Auch vor Onkel Fritz hatte uns die Mutter gewarnt – nicht umsonst, wie sich herausstellte, denn der »liebe Onkel Fritz« entpuppte sich sehr bald als strammer Nazi: Er ließ sich, nicht lange nachdem Hitler an die Macht gekommen war, von seiner jüdischen Frau scheiden und warf sie, nebst Sohn, auf die Straße, ohne einen Pfennig Geld. Nach einigen qualvollen Jahren konnten sie, dank den Bemühungen meiner Mutter, emigrieren.

Während wir bei Tante Lotte waren, packten meine Mutter und unser treues Kindermädchen Martha die Koffer, verschickten Kisten voll Bücher und einige Möbel und richteten eine Notunterkunft in einer feuchten Kellerwohnung in einem anderen Stadtteil ein. Nach Hause in die Feuerbachstraße sind wir nicht mehr zurückgekehrt. Die Nazis sind wiedergekommen – aber da war die Wohnung bereits leer.

Während auf den Straßen der Stadt aufgewühlte Menschenmassen wogten, schrien, um sich schlugen, stritten und drängelten; während Männer in braunen Hemden und Mützen mit Sturmband und Hakenkreuzbinde zackig grölend im Gänsemarsch über das Pflaster trampelten; während immer mehr Menschen in Folterkellern, Gefängnissen und Zuchthäusern geschunden wurden, plätscherte das Leben an der Oberfläche zunächst so weiter wie bisher: Frauen gingen einkaufen, Männer, die Arbeit hatten, gingen frühmorgens aus dem Haus und kamen abends wieder; es wurden sogar mehr, die Arbeit fanden, nachdem sie zuvor lange arbeitslos gewesen waren; darum hatten viele Leute eher etwas für Hitler als gegen ihn. Kinder, die nicht gerade in die »rote, weltliche« Schule gingen, machten sich täglich, wie gewöhnlich, mit der Schulmappe auf den Weg. Unsere Schule wurde bald von den Nazis geschlossen. Viele unserer Lehrer – so wurde von Eltern meiner Mitschüler in Gesprächen mit meinen Eltern gesagt – hatten sie eingesperrt, darunter auch Herrn Walther.

Ich spielte Ball und Kreisel auf der Straße – erst vor Tante Lottes Haus, dann auf der Straße vor unserem Notquartier. Was ich beim Spielen damals empfand, kann ich heute nicht mehr sagen. Bestimmt habe ich dabei nur an das Spiel gedacht. Als Kind lebt man nur für den Augenblick; Leiden, ob klein oder groß, überschattet das Leben nur, solange es andauert.

Eines Tages, beim Spielen in der Nähe des Notquartiers, sah ich, wie ein großer Junge zwei friedlich spielende kleinere Kinder, einen Jungen und ein Mädchen, etwa in meinem Alter, immer wieder belästigte. Er nahm ihnen den Ball weg, stieß sie umher, und als sie in einer Ecke, in die sie sich zurückgezogen hatten, Murmeln spielten, trat er dem kleinen Mädchen mit seinem Stiefel gezielt auf die Hand. Das Mädchen schrie vor Schmerz auf, und der kleine Junge war so erschrocken, daß er ganz starr dastand. Ich knotete einen spitzen Stein, der unter einem Baum lag, sorgfältig an die Schnur meiner Kreiselpeitsche, schlich mich von hinten an den großen, dicken Grobian heran und versetzte ihm, als er sich umsah, blitzschnell einen kräftigen Peitschenschlag in sein wabbeliges, hämisch grinsendes Gesicht. Der Angriff kam unerwartet. Der Dicke schrie auf, schimpfte – und ergriff die Flucht. Die beiden Kleinen – sie waren Geschwister – sahen mich mit angsterfüllten Augen an. Das Mädchen sagte: »Gehen wir lieber schnell hier weg!«

Kaum hatten wir unsere Sachen zusammengepackt, tauchte auch schon eine Horde Hitlerjungen mit einem großen Wolfshund auf. Sie packten die beiden kleinen Kinder, schlugen sie zu Boden und stießen sie mit Füßen und Fäusten. Ehe ich mich besinnen konnte, hatte der große Hund mich umgerannt und zerrte knurrend an meinen Kleidern. Ich schrie vor Angst und Schmerz, der Hund wurde noch wütender, jaulte, knurrte und biß mich in Beine, Arme und ins Gesicht. Ich spürte seinen heißen Atem; noch viele Jahre danach sah ich immer wieder im Traum seine blutrünstigen Augen und die gefletschten Zähne über mir ... Wäre nicht im letzten Moment ein kräftiger, beherzter Mann mir zu Hilfe gekommen, der den Hund wegriß – das Tier hätte mich in Stücke zerrissen.

Blutüberströmt und schreiend rannte ich nach Hause. Dort war gerade einer von Vaters Freunden zu Besuch: Er hatte meinen Vater in Sicherheit gebracht und uns dieses Notquartier beschafft. Meine Mutter war erschrocken und aufgeregt, als ich in den Raum stürzte. Martha und sie säuberten die Wunden, ich wurde zu unserem Familienarzt, Dr. Erich Nassau, gebracht. Ich mochte unseren Doktor gern, fühlte mich in seiner Obhut sicher. Er gefiel mir, weil er immer scherzte und munter war. Diesmal allerdings war er sehr ernst. Er hörte sich an, was geschehen war, schüttelte den Kopf, gab mir eine Spritze und sagte zu meiner Mutter: »Dort, wo Sie sind, können Sie nicht bleiben. Auch hierherzukommen war nicht ganz ungefährlich, meine Patienten sieht man sich jetzt sehr genau an ...«

Politische Einschüchterung 1933 in Kassel auf dem Opernplatz: »Nur ein Esel kommt ins Konzentrationslager« (vgl. Brandts Berufsverbote und ihre Wirkung: bekamen auch nur »Esel« [Anm. der Redaktion]).

März 1933: SA hat freie Hand – politische Gegner werden hemmungslos mißhandelt.

28.4.1933: Razzia in der Berliner Grenadier- und Dragonerstraße im »Judenviertel« von Berlin – die Razzia wird gemeinsam von Berliner Schutzpolizei und Nationalsozialisten (»Hilfspolizei«) durchgeführt.

Boykottpropaganda gegen jüdische Geschäftsinhaber: Menschenmenge vor dem KaDeWe in der Tauentzienstraße in Berlin – 1.4.1933 (vgl. dazu die Zeitungsmeditation der FAZ vom 31.8.1993: »Denn wenn nicht einmal diese Engländer auf Guernsey wissen konnten und jene Engländer in London nicht wissen wollten, wie hätten dann alle Deutschen wissen müssen?« – Ansonsten waren englische Touristen im Vorkriegs-Nazireich auch keine Rarität!).

Winter 1938/39: Hitlerjungen bauen einen Schneemann, dem sie jüdische Merkmale geben wollen – sie verwechseln dabei den (sechseckigen) Judenstern mit dem (fünfeckigen) Drudenfuß.

Wieder zogen wir um, in ein noch düstereres Kellerloch, in einer mir ganz fremden Umgebung, wo uns niemand kannte und wir niemanden kannten. Meine Mutter verstand es aber, selbst diesen trostlosen Ort fast gemütlich einzurichten: mit einigen Apfelsinenkisten, etwas Wachstuch darüber, ein paar Blumen in leeren Einmachgläsern darauf gestellt, die sie aus dem Mülleimer draußen auf dem Hof gefischt, sauber gewaschen und mit lustigen bunten Farben bemalt hatte; eine alte Decke wurde »geschlachtet« und in Vorhänge verwandelt, und schon wirkte der Raum wie eine Art »Zuhause«.

In die Schule konnte ich schon seit einiger Zeit nicht mehr gehen; die »weltliche Schule« gab es, wie gesagt, nicht mehr, und außerdem waren wir ja »untergetaucht«, wie man damals sagte. Offiziell waren wir verschwunden. Mir fehlte die Schule, ich vermißte die anderen Kinder. Bücher gab es kaum, und auf der Straße spielen durfte ich auch nicht mehr. Meistens saß ich auf meinem Bett und spielte Mundharmonika, oder ich zankte mit meinem Bruder.

Am 6. März hatte meine Mutter Geburtstag. Martha, die meine Mutter unter keinen Umständen im Stich lassen wollte, obwohl kein Geld da war, um ihr regelmäßig ihren Lohn auszuzahlen, bastelte mit uns einen Strauß Papierblumen; sie fabrizierte außerdem eine leckere Torte aus dem bescheidenen Inhalt eines Päckchens, das ihre Tante, die auf dem Lande lebte, ihr selber erst kurz zuvor zum Geburtstag an die Adresse ihres Bruders, bei dem sie offiziell wohnte, geschickt hatte. Sie brachte uns auch ein »Geburtstagsgedicht« bei:

»Heut' vor sechsunddreißig Jahren
kamst du durch die Luft gefahren,
machtest Bett und Windeln naß –
liebe Mama – tust Du heut' noch das?«

Als mein Bruder und ich am Geburtstagsmorgen, noch im Schlafanzug, der Mutter die Geschenke überreichten und das »Gedicht« unter Kichern vorpiepsten, war sie so gerührt, daß sie uns in die Arme schloß und weinte …

Und dann hatte ich es eines Tages doch nicht mehr ausgehalten, immer in dem düsteren Raum zu hocken, wenn draußen die Sonne schien. Ich schlüpfte hinaus auf die Straße und spielte Ball, ohne an etwas Besonderes zu denken, als plötzlich Bremsen dicht neben mir quietschten. Ehe ich wußte, was geschah, saß ich zwischen zwei fremden Männern in Ledermänteln, die Hüte fast über die Augen gezogen, in einem Auto. Eigentlich war Autofahren für mich etwas Schönes – aber diesmal war es mir unheimlich, und ich war starr vor Angst. Nach längerer Fahrt hielt der Wagen vor einem hohen Backsteingebäude. Vor dem Tor standen SS-Männer. Ich wurde von den Fremden in Ledermänteln über einen langen Korridor, dann eine Treppe hinauf in einen Raum geschleppt, in dem nichts war als ein großer Schreibtisch und einige Stühle; dann kam noch ein Mann in einem weißen Kittel dazu, der aussah wie ein Doktor. Er sah mich scharf an und packte aus einer Tasche allerhand Werkzeug aus. Ich fürchtete mich entsetzlich, war aber wie gelähmt und konnte weder weinen, schreien, noch Widerstand leisten. An eins dachte ich allerdings die ganze Zeit: »MEIN NAME IST HASE, ICH WEISS VON NICHTS!« Das war auch alles, was diese Leute von mir erfuhren; trotz anfänglicher scheinbarer Freundlichkeit, trotz schmerzender Schläge später, trotz gemeiner Beschimpfungen und Drohungen, trotz schrecklicher »Untersuchungen« auf einem hohen Stuhl, deren Zweck mir unvorstellbar war; mir wurden die Beine auseinandergerissen, von diesen Bestien mit wutverzerrten Gesichtern, die immer wieder brüllten, es würde noch mehr wehtun, wenn ich nicht endlich den Mund aufmachte.

Seit jener Zeit, bis heute, überwältigt mich eine unkontrollierbare Angst bei Untersuchungen durch den Frauenarzt ...

Ich weiß nicht, wie lange man mich in jenem Raum festgehalten hat. Ich erinnere mich nur noch, daß ich mich auf einmal in einer mir unbekannten Straße befand, an eine Häuserwand gelehnt und auf dem feucht-kalten Straßenpflaster sitzend, ohne Schlüpfer, ohne Schuhe und Strümpfe, mit zerrissenem Mantel, blutender Nase und das linke Auge so geschwollen, daß ich es kaum öffnen konnte. Ich stand auf, aber das Gehen schmerzte nicht weniger als das Sitzen; wo ich hinfaßte, klebte Blut. Mir war schwindelig, und ich wußte nicht, was ich machen sollte. Ich wußte nicht einmal den Namen der Straße, in der wir zu der Zeit gerade wohnten. Ich kroch in einen Hauseingang. Dort war es nicht ganz so kalt wie auf der Straße, wo es regnete und schon dunkel wurde. Dann bin ich wohl eingeschlafen, denn plötzlich stand eine Frau vor mir, die mich fragte, wo ich denn hingehörte.

»Zu ... zu ... Frau Klawitter«, sagte ich schluchzend, als wäre ich jäh aufgetaut in dem Moment, da mich eine freundliche Menschenstimme mit offenbar echter Teilnahme ansprach. »... im Gemüseladen in der Feuerbachstraße in Steglitz ... Mein Name ist Hase, ich weiß von nichts ...«

Die fremde Frau hatte ein gutes Herz. Sie brachte mich tatsächlich zu Frau Klawitter. Als wir dort ankamen, war es schon spät in der Nacht. Frau Klawitter kam im Nachthemd zur Tür. Sie sah mich und schlug die Hände über dem Kopf zusammen. »Mein Jott, mein Jott«, sagte sie, dankte der fremden Frau und nahm mich in ihre großen, weichen, verschwitzten Arme. Die fremde Frau wollte noch erklären, wo und wie sie mich gefunden hatte, aber Frau Klawitter dankte ihr nur noch einmal und zog mich dann schnell in ihre Wohnung, als gehörte ich tatsächlich zu ihr. Meine Mutter war jahrelang ihre Kundin gewesen, und es hatte sich wohl herumgesprochen, was in jener Nacht bei uns geschehen war und daß wir danach verschwunden waren. »Mein Name ist Hase, ich weiß von nichts«, sagte ich immer wieder. »Schon jut, schon jut, Kleene«, sagte Frau Klawitter und stellte keine Fragen. Ich wurde gewaschen, verbunden und in ein Bett gepackt, in dem schon ein kleines Mädchen schlief. Ich war so erschöpft, daß ich wohl sofort eingeschlafen bin. Als ich erwachte, war Martha da und brachte mich zu meiner Mutter.

Noch am gleichen Abend reisten wir aus Berlin ab – zur »Oma Wien«.

II

Wien 1933 – 1938

Die fünf Jahre in Wien – vom April 1933 bis zum April 1938 – scheinen mir wie ein langer und bedeutsamer Lebensabschnitt, fast länger und bedeutsamer als meine ersten nahezu sieben Lebensjahre in Berlin. Wie unsere Reise nach Wien verlief, weiß ich nicht mehr in allen Einzelheiten. Ich kann mich nur daran erinnern, daß unsere treue Martha, die meiner Mutter in dieser schwarzen Zeit mutig und aufopferungsvoll beigestanden hatte und ihr eine gute Freundin geworden war, untröstlich weinend auf dem Bahnsteig stand, als wir abfuhren. Erst heute kann ich verstehen, wie schwer es für meine Mutter gewesen sein mußte, mit zwei kleinen Kindern und fast ohne Geld ins Ungewisse zu reisen, ohne zu wissen, wo ihr Mann war, ob er überhaupt noch lebte, ob und wann sie ihn wiedersehen würde; gezwungen, alles zurückzulassen, was sie in mühevoller Arbeit in den vergangenen Jahren geschaffen hatte. Doch meine Mutter war damals jung, voll Lebensmut, Kraft und Optimismus.

Auf meinem Schreibtisch steht ein Photo von ihr, auf dem sie so alt ist, wie ich heute bin. Sie sitzt in einem Zimmer ihrer Wohnung in Oxford, England – eine der vielen Behausungen, die sie in ihrem Leben mit endloser Energie und Beharrlichkeit schön und gemütlich eingerichtet hatte. Ihr Vertrauen und Mut einflößendes liebes Gesicht scheint zu sagen: »Mach dir nix draus! Ist alles halb so schlimm, als wenn's doppelt so schlimm wär'!« Sie strahlt Lebenskraft, Mut und Zuversicht aus, selbst Jahre nachdem sie für immer ihre Ruhe gefunden hat. In meiner Kindheit und Jugend habe ich meine Mutter als eine Selbstverständlichkeit betrachtet. Es schmerzt mich heute, daran zu denken, daß ich ihre außergewöhnliche Persönlichkeit erst viel zu spät richtig zu schätzen wußte. Sie war einfach ein Teil meines Lebens – sie war da, wenn ich krank war, wenn ich Hilfe brauchte; sie sorgte dafür, daß unsere Familie alles hatte, was zum Leben notwendig war; sie kochte, räumte auf, nähte, strickte, stopfte, wusch – und sie sang mit ihrer schönen Alt-Stimme die Lieder vieler Völker sowie zahllose Lieder der verschiedensten Komponisten – vor allem von Gustav Mahler, Schubert, Brahms, Schumann und Beethoven. Meine Mutter war vielseitig begabt: sie war graziös, tanzte gerne und sehr gut, sie konnte wunderbar erzählen und vorlesen, kannte eine Unmenge von Büchern und schrieb Erzählungen, die einen lachen und weinen ließen; im Alter von 84

Jahren gewann sie einen literarischen Rundfunkwettbewerb mit einer Kurzgeschichte. Meine Mutter hatte Humor und Phantasie. Für jeden Anlaß hatte sie ein Lied oder ein Gedicht bereit. Außerdem war sie eine ausgezeichnete Hausfrau und geduldige Krankenpflegerin, eine zuverlässige Helferin in der Not – zuweilen tat sie zuviel des Guten und ließ sich ausnützen. Was hätte meine Mutter nicht alles werden können, wäre sie nicht als mittelloses Waisenkind aufgewachsen; ihre Eltern waren beide an Tuberkulose gestorben, als sie noch ein Kind war. Ihre um sieben Jahre ältere Schwester Lotte hatte sich in ihrer Kindheit und Jugend, so gut sie es eben konnte, um die jüngere Schwester gekümmert.

Oft hörten wir – mein Bruder und ich – mit Spannung zu, wenn meine Mutter »Jugendgeschichten« erzählte. Sie wuchs bei verschiedenen »Pflegemüttern« auf, bei denen die wohlhabenden Verwandten sie untergebracht hatten. Wenn sie in deren Häusern zu Besuch war, fühlte sie sich oft als die »arme Verwandte«, mit der man zwar Mitleid hatte, die aber nicht ganz zu den »eigenen Kreisen« gezählt wurde. Meine Mutter litt sehr unter dieser Stellung, die sie als demütigend empfand, unter dem Gefühl der Vereinsamung und dem Fehlen von Geborgenheit und Herzenswärme – etwas, das sie stets nur als außenstehende Beobachterin sah, selbst nie empfing.

Im »Pestalozzi-Fröbel-Haus«, wo sie als Kindergärtnerin ausgebildet wurde, schloß sie Freundschaften, die sie über Jahrzehnte hinweg aufrechterhalten hat – so, wie sie auch die zahlreiche, in alle Welt zerstreute Verwandtschaft, mit der sie sich trotz allem immer verbunden fühlte, ihr Leben lang als große Familiengemeinschaft zusammenhielt – durch regelmäßige Korrespondenz und Nutzung jeder Möglichkeit, sich gegenseitig zu besuchen.

Meinem Vater begegnete sie durch ihre Arbeit mit geistig behinderten Kindern, denen ihr besonderes Interesse galt. Ihre Heirat bezeichnete sie oft als einen »Sylvesterscherz«, denn sie hatte zu Neujahr stattgefunden; dieser »Sylvesterscherz« führte zu einer glücklichen – wenn auch zuweilen stürmischen – Ehe, bis zum Tode meines Vaters, 35 Jahre später. Die kommunistischen Ideen meines Vaters belächelte sie zwar oft als unrealistisch und weltfremd; praktisch und erdverbunden wie sie war, meinte sie, die menschliche Natur wäre nie ideal, und bei einer Revolution würden mehr Werte zerstört als geschaffen, und nach deren eventuellem Sieg würden früher oder später doch wieder skrupellose Machtgruppierungen entstehen, die die Mehrheit unterdrückten – egal unter welchen »edlen« Vorwänden. Dennoch begeisterte sie die saubere, konsequente Haltung meines Vaters und seiner kommunistischen Freunde, und ihr Leben lang stand meine Mutter, ohne große Worte, tatkräftig auf der richtigen Seite, wenn es darum ging, Recht gegen Unrecht zu verteidigen.

Mein Vater ist in einer ganz anderen Umgebung herangewachsen. Seine Mutter – für uns die »Oma Wien« – war in ihrer Jugend eine hoffnungsvolle Opernsängerin. Sie war Korrepetitor an der Oper in Wien, ein »aufgehender Stern«: Wenn die Primadonna ausfiel, wurde sie manchmal aufgefordert, große Rollen zu übernehmen. Zu der Zeit jedoch entschied sich ihr Schicksal durch die Liebe zu einem außergewöhnlichen, begabten Zigeuner, besagtem Stefan Bozhareff. Die vergilbten Photos, die ich von ihm sah, zeigten einen stattlichen Mann von exotischer Schönheit, mit hoher Stirn, ausgeprägten, scharfen Zügen und feurigen, dunklen Augen. Er imponierte mir sehr, und aus den vielen Erzählungen, die ich über ihn hörte, machte ich mir ein farbiges, romantisches Bild von diesem Menschen, und ich empfand es keineswegs als Makel, wenn zuweilen von mir behauptet wurde, ich hätte – »leider« – sein Wesen geerbt.

Der Weg meines Großvaters Stefan Bozhareff war recht ungewöhnlich. Seine Geschichte hatten mir Dr. Monkus und auch meine Oma Vilma mehrmals erzählt – mit großer Leidenschaft und verschiedenen Varianten. Ich will das wiedergeben, was in allen Varianten, die ich darüber zu hören bekam, übereinstimmend enthalten war. Mit etwa vierzehn Jahren hatte er nicht tatenlos mit ansehen können, wie ein betrunkener Gutsherr einen Bauern, der ihm zufällig über den Weg gelaufen war, mit der Peitsche halb tot schlug. Empört hatte der kräftige Bursche den Herren vom Pferd gezerrt, ihm die Peitsche entrissen und ihn damit verdroschen, bis dieser reglos in einer Pfütze lag. Der Dorfpfarrer, der vom Fenster seines Hauses aus die Szene beobachtet hatte, war Stefan zu Hilfe geeilt. Er kannte den jungen Zigeuner und hatte ein Herz für diesen lerneifrigen und klugen Jungen, der – anders als die meisten Angehörigen seiner Sippe – nicht nur regelmäßig, sondern sogar gerne die Schule besuchte und weder in Schlägereien noch in Diebstähle verwickelt war.

»Schnell weg von hier«, sagte er und zog den Jungen mit fort. »Hier darf dich niemand finden – sonst machen sie dich fertig!« Zum Glück war weit und breit niemand zu sehen.

Der Pfarrer hatte dann Stefan einige Jahre lang bei sich behalten. Er brachte ihm vieles bei und hatte seine Freude an dem Jungen mit dem hellen Verstand, der für jedes freundliche Wort in stiller Art dankbar war und dem alternden Mann im Haushalt zur Hand ging. Eines Tages sagte er zu Stefan: »Mein Junge, nun kann ich dir nichts mehr beibringen – was ich weiß, habe ich dich gelehrt. Es ist sehr wenig, und du mußt noch viel dazulernen. Nimm dieses Bündel, es enthält meine bescheidenen Ersparnisse. Hier hast du auch noch ein paar feste

Schuhe, etwas zu essen. Mach dich auf den Weg nach Wien. Der Weg ist weit, aber du bist kräftig, und keiner wird dir unterwegs ein Stück Brot, ein Glas Milch und ein Nachtlager abschlagen, wenn du dafür auf dem Hof bei der Arbeit mit zupackst. Sei ehrlich und fleißig, dann wirst du deinen Weg schon machen.«

Stefan gelangte tatsächlich bis nach Wien. Dort nahm er jede Arbeit an, die sich ihm bot. Er übernachtete in billigen Schlafstellen, sparte sich jeden Heller vom Munde ab und verwendete das gesparte Geld für den Besuch von Abendkursen und den Kauf von Büchern aus zweiter und dritter Hand. Bald fiel er wegen seiner ungewöhnlichen Intelligenz, Begabung und seines Fleißes auf; es gelang ihm, an der Universität von Wien gebührenfrei Medizin studieren zu können und einen hohen Posten in Aussicht gestellt zu bekommen. Und dann begann die Tragödie: Immer wieder fangen die Probleme dort an, wo das Geld aufhört. Er mußte, um den Posten zu erhalten, ein bestimmtes Kapital nachweisen – und das konnte er nicht.

In Wien stellte sich in jenen Jahren das musikbegeisterte Publikum aus unbemittelten Kreisen oftmals nächtelang vor den Konzertsälen und dem Opernhaus nach billigen Karten an. Manche brachten Klappstühle mit, viele hatten Partituren in der Hand, brummten und »dirigierten« vor sich hin, diskutierten miteinander oder schlummerten im Stehen. So war auch Stefan Bozhareff erstmalig mit einem Studienfreund in die Oper gekommen. Für die erkrankte Primadonna war an jenem Abend meine Oma Vilma eingesprungen, damals eine schöne junge Frau. Stefan verliebte sich unsterblich in sie, verzichtete in der nächsten Zeit aufs Essen, kaufte teure Blumen und ging Abend für Abend in die Oper, um sie wiederzusehen – bis er sein Ziel erreicht hatte. Auch sie war schnell entflammt für den anziehenden jungen Zigeuner.

Er war ein brillanter Student mit den besten Aussichten auf eine große Laufbahn; eine glänzende Stellung wurde ihm angeboten. Aber er mußte ein gewisses Kapital nachweisen – und das hatte er nicht. Mit Hilfe von Beziehungen wollte sie ihm das benötigte Geld besorgen – natürlich unter dem Siegel strengster Verschwiegenheit. Wie das Geheimnis dennoch verraten wurde, blieb ein Rätsel. Meine Großmutter wäre bestimmt eher gestorben, als daß sie etwas gesagt hätte. Stefan bekam die hohe Stellung nicht. Hitzig schloß er daraus, daß niemand anderes als seine Vilma ihn verraten hätte und somit alle seine Mühen umsonst gewesen wären. Er verschwand aus ihrem Leben. Sie aber war schwanger; ein uneheliches Kind – noch dazu von einem Zigeuner – welch unendliche Schande im kaiserlichen Wien! Meine Großmutter verlor vor Aufregung und Gram ihre Singstimme und mußte ihre Karriere an den Nagel hängen. Erst

Jahrzehnte später, kurz vor seinem Tod, erfuhr er, wie sehr er ihr Unrecht getan hatte; ein Mißverständnis hatte seine Handlungsweise motiviert, wie aus einem Abschiedsbrief (der auf Umwegen sein Ziel erreichte) hervorging. Er bereute seinen Entschluß heftig, aber meine Großmutter hatte den größten Teil ihres Lebens schon hinter sich. Die Trennung von dem Mann, den sie nie aufgehört hatte zu lieben, hat sie nie ganz überwunden.

Ein kinderloses Ehepaar aus Graz hatte meinen Vater aufgenommen. Der Ziehvater, ein Schuster, war, wenn nüchtern, gutmütig, doch häufiger war er in betrunkenem Zustand und hat den Ziehsohn oft mit dem Riemen versohlt. An manchem Samstagabend, so erinnerte sich mein Vater, hatte er den betrunkenen Ziehvater mit Mühe aus der Mur gezogen ... Mit etwa 14 Jahren, im gleichen Alter wie sein Vater, der Zigeuner, war er aus Graz weggelaufen. Eines Abends kam er im »Dreimäderlhaus«, bei seiner Mutter und den beiden Tanten, in Wien an. Die Freude dort war groß, aber von kurzer Dauer: am folgenden Morgen lag nur noch ein Zettel auf dem Küchentisch: »Bitte verzeiht mir – aber Ihr seht mich entweder wieder als Held – oder gar nicht ...«

Er fand Arbeit in der Verlagsbuchhandlung von Heller, wo er den Beruf eines Buchbinders erlernte und dann einige Jahre lang als Buchverkäufer tätig war. Er nutzte diese Zeit, um alles, was in seine Finger kam, zu lesen; er eignete sich ein fast enzyklopädisches Wissen an und wurde mit vielen Stammkunden bekannt. Zu diesen zählten verschiedene Wissenschaftler und Künstler, Schriftsteller und Politiker, die das Leben meines Vaters nachhaltig beeinflußt haben: so der Dichter Rainer Maria Rilke, der meinen Vater bei den ersten schüchternen Versuchen in der Dichtkunst ermutigte; der Schriftsteller Stefan Zweig, der den jungen, vielseitig talentierten Buchverkäufer, welcher sich so gut im laufenden Angebot auskannte, als Privatsekretär zu gewinnen suchte. Mein Vater aber wollte selber etwas werden, nicht der Sekretär eines Mannes, der bereits etwas geworden war. Walter Gropius gab ihm für einige Jahre einen Freiplatz als Student am Bauhaus in Weimar, wo er in die abstrakte Kunst – und in die marxistische Weltanschauung – eintauchte. Den entscheidenden Einfluß übte allerdings die Begegnung mit Sigmund Freud auf ihn aus, der bis zu seinem Tod im Jahre 1939 der wesentlichste Lehrer und Freund meines Vaters blieb.

Als meine Eltern sich in den frühen zwanziger Jahren kennenlernten, war mein Vater ein schwärmerisch veranlagter Idealist mit leerem Magen, leeren Taschen, abgetragenen Kleidern und großen Plänen. Was er geworden ist, seinen nicht unbedeutenden Beitrag zur Heilpädagogik und Kinderpsychologie, verdankt er vielfach der selbstlosen Hingabe meiner Mutter.

Das alles habe ich erst im Laufe der Zeit mitbekommen. Die »Oma Wien« hatte später noch einen guten Mann gefunden, den sie und ihre beiden Schwestern bis zu seinem Tode pflegten. Die vielen Jahre über hatte die jüngste der drei Schwestern, Marie, genannt Rietschi, den Haushalt geführt. Sie war still und anspruchslos, sprach wenig und war erfüllt von ihrer Aufgabe in der Hauswirtschaft. Beide Schwestern meiner Großmutter waren unverheiratet. Die Zwillingsschwester meiner Großmutter, Hermine, wurde wegen ihrer Klugheit und Lebenserfahrung »Dr. Monkus« genannt. Eine kleine, energische, flinke und gewandte Frau, das graue Haar streng nach hinten in einem Dutt zusammengekämmt, mit Brille auf der Nasenspitze, über die sie meistens hinwegsah (oder die sie wie einen Reifen im Haar trug und nervös überall suchte), war »Dr. Monkus« in dem »Dreimäderlhaus« in der Lustgasse 3, im Bezirk Erdberg, das Rückgrat der Familie. »Dr. Monkus« wußte stets genau, was sie wollte – und was alle anderen sollten. Praktisch und lebenstüchtig, hatte sie jahrelang in einem Büro als kleine Beamtin gearbeitet – im damaligen Wien eine Seltenheit für eine Frau –, und nun war ihre bescheidene Beamtenrente die hauptsächliche Einkommensquelle der drei Schwestern.

Dieses Haus war unsere erste Anlaufstelle, als wir 1933 aus Berlin in Wien ankamen. Auf dem Franz-Josefs-Bahnhof erwartete uns – mein Vater, der in der Lustgasse gelandet war, nachdem er von Freunden auf großen Umwegen bei seiner Flucht aus Berlin nach Wien geschleust worden war. Zuerst gefiel es mir dort gar nicht: Erstens war es zu eng für so viele Menschen in der kleinen Wohnung. Außerdem waren die Wasserleitung, aus der nur kaltes Wasser kam, und das Klo, das von mehreren Familien benutzt wurde, auf dem Flur vor der Wohnung, die kein Badezimmer hatte.

Später jedoch fuhr ich gerne in die Lustgasse zu den »Omas«. Dort gab es nicht nur jedesmal etwas Leckeres zu essen, sondern »Dr. Monkus« hatte immer etwas Aufregendes zu erzählen. Sie wußte nicht nur in jeder Lage Rat und Hilfe; sie war auch eine für ihre Zeit weitgereiste Person: Eines Tages hatte sie sich auf die für jene Tage abenteuerliche lange Fahrt nach Darjeeling in Indien begeben, wo ihr Bruder Emil eine Teeplantage besaß. Mit Gepäck beladen, zum Zug begleitet von den aufgeregten Schwestern, hatte sie sich auf den Weg gemacht und hatte einen ganzen Monat auf See verbracht – natürlich betonte sie immer die Gefahren dieses Unternehmens, das zum großen Ereignis ihres Lebens wurde. Immer wieder erzählte sie mit Leidenschaft und Anschaulichkeit davon. »Dr. Monkus« hatte eine blühende Phantasie, und jeder Bericht über diese Indienreise war anders, auch wenn sie zum unzähligsten Mal dieselbe Begebenheit erzählte. Ich aber fand das so fesselnd, daß mich diese kleinen Einzelheiten nicht störten.

»Dr. Monkus« war auch sehr belesen. Sie interessierte sich für Weltereignisse und technische Neuheiten. Besonders gut wußte sie über die verschiedensten Krankheiten Bescheid. Wenn mein Bruder oder ich krank waren, kam »Dr. Monkus« oft zu uns und half meiner Mutter bei der Krankenpflege. Während meine Mutter mit anderen Dingen beschäftigt war, saß »Dr. Monkus« im Kinderzimmer, stopfte, nähte und erzählte über Indien oder über schreckliche Krankheiten. Hingerissen hörte ich ihre Schilderungen über die Bubonenpest, Cholera, Lepra oder Krebs. Meine Mutter war dann immer entsetzt, daß ich – vor Aufregung – wieder höheres Fieber hatte …

»Die Omas« – die drei Frauen aus der Lustgasse – sowie eine weitere der zahlreichen Schwestern dieser großen Familie, unsere Tante Jenny, haben uns während der Jahre in Wien treu und aufopferungsvoll beiseite gestanden bei dem Neuanfang nach der Flucht aus Berlin, bis zum letzten Augenblick vor dem nächsten ungewollten Aufbruch, nach dem Einmarsch der Nazis in Wien fünf Jahre später.

Sie waren überall geachtet und beliebt. Als sie 1941 die Wohnung, die sie über ein halbes Jahrhundert lang bewohnt hatten, verlassen mußten, erwarben sie sich auch in ihrer neuen, noch bescheideneren Wohnung in der Glockengasse im 2. Bezirk – in der Leopoldstadt, dem jüdischen Viertel von Wien – sehr schnell Achtung und Vertrauen, aufgrund ihrer Hilfsbereitschaft und Freundlichkeit.

Viel später haben wir von ihrem Ende erfahren. Im November 1942 wurden sie von brutalen, johlenden, brüllenden Nazibestien mitten in einer kalten Nacht aus dem Bett hinaus auf die Straße getrieben, auf einen Lastwagen, der, bereits überfüllt mit weinenden, zitternden Menschen, vor dem Haus bereitstand, um sie nach Theresienstadt zu verschleppen. Einer, der es überlebt hatte, erzählte, daß »Dr. Monkus« erhobenen Hauptes in den Tod gegangen war. Sie hatte sogar ihre Leidensgenossinnen noch ermutigt, den Naziverbrechern nicht die Genugtuung zu geben, ihre Opfer klagen und weinen zu sehen …

Bei den »Omas« war es, wie gesagt, für uns alle zu eng. Bald zogen wir um, in den 12. Bezirk, nach Meidling, zur Untermiete bei einer Frau Ferenczi. Sie wohnte in einer Neubauwohnung, in einer Umgebung mit vielen Grünflächen und Bäumen, genannt »Am Fuchsenfeld«. Das Haus gehörte zu einer der Arbeiterwohnsiedlungen, die von der sozialdemokratischen Gemeinde Wien in den zwanziger Jahren unter Bürgermeister Seitz, im Rahmen eines ungewöhnlich großzügigen und weitreichenden Sozialprogramms, errichtet worden waren.

Als wir aus Berlin nach Wien kamen, erlebte Österreich die letzten Monate einer Demokratie, wie sie das Land nie zuvor und – abgesehen von einer kurzen Zeit nach dem Zweiten Weltkrieg – nie danach gekannt hat. Bis Anfang 1934 war die Kommunistische Partei noch legal. Eines der schönsten Erlebnisse in dieser Zeit – und daran erinnere ich mich deutlich – war der 1. Mai 1933 im »roten« Wien. Nach der ständigen Angst, dem vorsichtigen Geflüster und der drückenden Last der lauernden Gefahren überall und zu jeder Zeit fühlten wir uns alle wie erlöst, als wir in einer Masse fröhlicher Menschen jeden Alters unter roten Fahnen und Transparenten in einem Demonstrationszug durch die Straßen von Wien marschierten. Auch mein kleiner Bruder und ich stimmten lauthals ein, als alle »Brüder zur Sonne« und die »Internationale« sangen. Meinen Eltern standen die Tränen in den Augen. Wir atmeten die frische Frühlingsluft. Im bläulichen Nebelschleier erhoben sich am Horizont die Berge des Wienerwaldes. Dieser Anblick der waldigen Höhen am Horizont bot sich auch später, aus den Fenstern und vom Balkon unserer eigenen Wohnung, ebenfalls in einer Arbeiterwohnsiedlung der Gemeinde Wien, im 20. Bezirk, in der Brigittenau. Bis zur Übersiedlung dorthin sollte aber noch einige Zeit vergehen; ich bekam nämlich die Ruhr, eine erneute Aufregung für meine arme Mutter, die sich gerade ein wenig von den Strapazen der vergangenen Wochen und Monate erholt hatte.

Für mich war Wien im Frühling und Sommer schön, sonnig und fröhlich. Die Krankheit überwand ich, dank der aufopferungsvollen Pflege durch meine Mutter, innerhalb weniger Wochen. Ich erinnere mich, daß ich, als ich wieder aufstehen durfte, das Gehen verlernt hatte. Spindeldürr und geschwächt, freute ich mich dennoch über den Einzug in die neue Wohnung, in der wir nicht mehr Gäste oder Untermieter, sondern richtig zu Hause waren. Diese Wohnung befand sich in einem von zwei siebenstöckigen, viereckigen Hausvorsprüngen, umgürtet von Balkons, die sich auf beiden Seiten des Zugangs zum Engelsplatz, von der Marchfeldstraße kommend, wie ein Eingangstor erhoben. Dahinter lag ein Rondell, umgeben von einer Asphaltstraße, gesäumt von vierstöckigen Wohnhäusern, ebenfalls mit langen Reihen von Balkons. In den Turmbauten am Eingang zum Engelsplatz und auch in den Häusern gegenüber, zu beiden Seiten eines Torbogens, der aus dem Hof hinausführte, befanden sich in den Erdgeschossen Geschäfte. Zu beiden Seiten des Platzes waren ebenfalls Tore, die auf Hinterhöfe mit geräumigen Grünflächen, Spielplätzen und Versorgungseinrichtungen – Wasch- und Badehäusern – führten. Unsere Wohnung – im fünften Stock, Tür 13 – hatte drei Zimmer, ein »Kabinett« (ein halbes Zimmer), Küche und Toilette. Gebadet wurde im Badehaus, wo man für einen Schilling baden und für fünfzig Groschen ein »Tröpferlbad« (eine Dusche) nehmen konnte. Meine Mutter ging einmal wöchentlich mit uns dorthin, bezahlte einen Schilling für ein Vollbad für sich und uns; meinen Vater konnten wir vom Tröpferlbad auf der andern Seite lustig pfeifen hören. An den übrigen Tagen mußten wir uns in einem Waschbecken neben dem Herd in der Küche mit kaltem Wasser waschen; im Winter sehr ungern. Waren wir zu schmutzig vom Spielen nach Hause gekommen, wurden wir von der Mutter in eine Zinkbadewanne, die im Wohnzimmer aufgestellt wurde, gesteckt und mitleidslos abgeschrubbt.

Unser Kinderzimmer und das Zimmer daneben, ein Durchgangszimmer, das ins Wohnzimmer führte und dessen Wände, wie die des »Herrenzimmers« in der Feuerbachstraße, bis an die Decke mit Büchern getäfelt waren, umgaben Balkons. Das Durchgangszimmer – in dem auch am Fenster neben der Balkontür und gegenüber einer Couch die »Singer«-Nähmaschine einen Platz gefunden hatte – war vor allem das Reich meiner Mutter. Mein Vater, der mit Hilfe von Freunden und mit viel Mühe und Fleiß nach anfänglichen Schwierigkeiten bald wieder Kontakt zu der heilpädagogischen Arbeit und zur Psychologie gefunden hatte, behandelte seine Patienten im Wohnzimmer, das auch, wie das Berliner »Herrenzimmer«, zugleich unser Eßzimmer war.

Vom Balkon des Durchgangszimmers bot sich ein Blick auf den stets belebten Hof, auf dem bis zum Einbruch der Dunkelheit viele Kinder spielten und lärmten. An Sommerabenden stand oder saß ich oft auf dem Balkon, die Beine durch das Gitter gesteckt, in die gähnende Leere baumelnd, und blickte auf das Leben und Treiben im Hof aus stolzer Höhe vom fünften Stock unseres Hauses oder über die Dächer der niedrigeren Häuser gegenüber hinweg auf den Kahlenberg, dessen bewaldete Hänge sich dunkel gegen den Abendhimmel abhoben. Wie eine Leuchtschlange zogen sich die funkelnden Lichter der Höhenstraße hinauf, bis zu einem hell erleuchteten Restaurant, einem beliebten Ausflugsziel der Wiener und der ausländischen Touristen. Kurz vor Einbruch der Dunkelheit, im letzten rotgoldenen Licht der Abendsonne, wallte der Kinderlärm auf dem Hof, das Zwitschern der Vögel, die durch die Luft schwirrten, wie eine Woge noch einmal auf, ehe es in der Dämmerung still wurde.

Frühmorgens, nachdem sich der erste Nebel gehoben hatte, konnte ich von meinem Bett im Kinderzimmer aus durch die geöffnete Tür des zweiten Balkons in eine andere Richtung blicken: zur Marchfeldstraße, die in Richtung Floridsdorfer Brücke über die Donau führt; an ganz klaren Tagen zeichnete sich am fernen Horizont sogar die blasse Silhouette der Karpaten ab. Ich erinnere mich an die Nacht vor meinem achten Geburtstag, als wir schon über ein Jahr in Wien waren. Ich lag schlaflos im Bett. Bei Weinbergers nebenan kündete die Wanduhr schnarrend die dritte Morgenstunde an. Mein Bruder stöhnte im Schlaf und drehte sich in seinem weißen Gitterbett auf die andere Seite. Draußen schien hell der Mond. Sein Licht fiel schräg durch das Fenster. Ich stützte mich auf den linken Ellbogen und lauschte in die unheimliche Stille der Nacht. Die letzte Straßenbahn der Linie 31 war längst vorbeigefahren. Bis zur ersten Bahn des neuen Tages verblieben noch einige Stunden. Menschenleer streckte sich die Marchfeldstraße zur Floridsdorfer Brücke hin, auf der sich kalte blaue Lichter mit warmen orangefarbenen an hohen Laternen abwechselten. Was sich wohl dort draußen in der Stille abspielte? Welches Geheimnis barg diese Nacht? Dieses kaum begonnene neunte Lebensjahr – das ganze noch bevorstehende Leben?

Meine Familie atmete 1933 in Wien erst einmal auf. Der Neuanfang war freilich schwer, vor allem für meine Mutter, die Hauptstütze unserer Familie, auf der alle praktischen Probleme lasteten. In der neuen Wohnung auf dem Engelsplatz waren zuerst viele Möbel nichts anderes als Obstkisten, überzogen mit Wachstuch, mit bunten Deckchen und Blumenvasen darauf, sowie Einrichtungsgegenstände, die Freunde und Bekannte uns überlassen hatten. Ich kam in die zweite Klasse der vierklassigen Volksschule; sie befand sich in der Leystraße, in der Nähe unserer Wohnung. Mein Schulweg führte vorbei an einem kleinen Milchgeschäft Ecke Vorgarten/Adalbert-Stifter-Straße, das einer jüdischen Familie Nadler gehörte. 1938 haben die Nazihorden in einem wahren Blutrausch die Nadlers entsetzlich gequält und viehisch ermordet.

Die Laubenkolonie in der »Stiftergasse« – wie diese Straße allgemein genannt wurde –, an der mein täglicher Schulweg vorbeiführte, sowie das kleine Milchgeschäft an der Ecke sind heute verschwunden. Vom Balkon der Wohnung, die sich genau über unserer damaligen Wohnung, Engelsplatz 2, 5. Stock, Tür 13, befindet, habe ich bei einem Besuch fast ein halbes Jahrhundert später nur ein Häusermeer gesehen …

Meine Mutter schickte mich zum Milchholen in den Laden von Frau Stippinger, der sich an der Hinterseite unseres Hauses befand. Mit etwas Geld und einer Milchkanne zog ich dann los und ärgerte mich über die lange Warterei, bis Frau Stippinger im endlosen Tratschen eine Pause machte. Dieser Laden existiert auch heute noch, ebenfalls die wenige Meter entfernte Gaststätte. Dort befand sich damals die »WÖK« – die Wiener Österreichische Gemeindeküche –, aus der es bis hinauf in unsere Wohnung durch das Fenster unseres Kinderzimmers verlockend nach Schnitzel und Gurkensalat duftete und wo es zu niedrigen Preisen sehr gutes Essen gab. Milch, Butter, Eier und Käse kaufte meine Mutter öfter in der Marchfeldstraße, der Hauptstraße, die von Floridsdorf ins Stadtzentrum führte, bei einer Frau Spichtinger. Sie war etwa so breit und rund wie hoch. Im weißen Kittel und Häubchen beklopfte sie die abgeschnittene Menge Butter mit zwei gewellten Holzlöffeln, legte sie auf einem Stück Butterbrotpapier auf eine Waage, ließ die Butter, die über das verlangte Maß hinausging, in ihrem Mund verschwinden und schrie dann begeistert mit ihrer etwas fettigen, kreischenden Stimme: »Hooob' i's trooooooffen!« Genauso machte sie es mit dem duftenden Käse, den sie mit einem Draht an einem Gerät abschnitt, das wie ein Bogen aussah. Der appetitliche Duft und die runde, lustige Frau sind mir bis heute in lebendiger Erinnerung. Wenige Schritte entfernt von Frau Spichtingers Laden befand sich das Marchfeld-Kino (bis vor kurzem war es noch dort), wo ich Filme mit Shirley Temple oder auch Filme für Erwachsene »über 14 Jahre« sah. Zu diesem Zweck machte mich meine um vier Jahre ältere Freundin Liesl Endres sorgfältig zurecht. Liesl und ihre etwas ältere Schwester Hedi waren die Kinder eines sozialdemokratischen Straßenbahners, sie wohnten auf dem Engelsplatz uns gegenüber. Liesl, die wohl öfter sitzengeblieben war, besuchte ebenfalls die Volksschule in der Leystraße, und oft legten wir unseren Schulweg zusammen zurück.

In meiner Klasse waren 34 Mädchen, deren Familiennamen täglich von der Lehrerin, einer Frau Dr. Appel, in alphabetischer Reihenfolge verlesen wurden: »Aschauer, Bauer …« usw. An die meisten erinnere ich mich noch. Die Lehrerin, klein und rundlich, mit graumeliertem, dunklem Haar, in einem Dutt glatt nach hinten frisiert, konnte so anschaulich erzählen, daß ich mich bis heute an viele Einzelheiten erinnere. Die Fibel wurde durch ihre Kommentare und Erklärungen über das »alte kaiserliche Wien«, durch das »Der Onkel« die zwei Kinder seiner Schwester führte, für uns lebendig. Wie meine Eltern und andere Erwachsene, so sprach auch unsere Lehrerin öfter vom Ersten Weltkrieg, den ihre Generation erlebt und nach den fünfzehn Jahren, die seitdem erst vergangen waren, noch frisch im Gedächtnis hatte. Für uns war allerdings jener Krieg, der vor unserer Geburt stattgefunden hatte, Teil einer fernen Vergangenheit – noch ferner als der Zweite Weltkrieg für die sieben-, acht- und neunjährigen Kinder von heute, obwohl der zeitliche Abstand, der sie von ihm trennt, mehr als doppelt so groß ist: im Fernsehen wird er immer wieder zu ihnen in die Wohnung gebracht. In den frühen dreißiger Jahren, als ich in die Volksschule ging, stand das Fernsehen gerade vor seiner Geburt.

Unsere Lehrerin konnte nicht nur gut erzählen und den Unterricht lebendig gestalten; sie hatte auch Humor. Ich erinnere mich, wie sie eines Morgens in die Klasse kam und an der Tafel ein »Kunstwerk« erblickte, das eine Schülerin gezeichnet hatte und das eine Reihe vieler kleiner Wanzen darstellte, geführt von einer großen dicken Wanze mit Gesicht und Dutt, die an der Wand hochkletterte, von unverkennbarer Ähnlichkeit mit unserer Lehrerin. Wenn wir nämlich die arme Frau zuweilen bis an den Rand der Verzweiflung getrieben hatten, pflegte sie zu seufzen, ihre gutmütigen braunen Augen himmelwärts zu drehen und mit gerungenen Händen auszurufen: »Mit eich könnt' ma an der Wand auffi kreil'n!« Wir verharrten in schweigender Erwartung, aber die Lehrerin sagte nur: »Setzen!« Und dann: »Wollen wir das Gemälde erst einmal wegwischen.« Das sagte sie aber ganz freundlich, mit einem lustigen Zwinkern in den Augen. Meiner Mutter sagte sie einmal mit tadelndem Kopfschütteln: »Wissen's – Ihre Tochter – aus g e b ü h d e t e m Haus – red't so ordinär wienerisch ... als wär's aus Ottakring oder Hernois ...!« Dabei war ich damals kaum zwei Wochen in dieser Schule, wußte gar nicht, daß Ottakring und Hernals Stadtviertel der Armen waren, und hatte noch kurz davor genauso »berlinert« wie die Kinder auf der Straße in Steglitz. (Später in England schnatterte ich auch sehr bald mit den anderen Kindern in ihrem Jargon.)

Jene beredte Zeichnung an der Tafel war eine charakteristische Aussage für die Zeit; denn alle wußten – zumeist aus eigener Erfahrung –, was Wanzen bedeuteten. Es gab nämlich damals in den dreißiger Jahren in Wien Wanzen, Flöhe und anderes Ungeziefer in rauhen Mengen – ebenso häufig Epidemien wie Scharlach, Diphtherie, Ruhr und andere Krankheiten –, wogegen die Gemeinde einen energischen Kampf führte: mit Reihenuntersuchungen, der Schaffung von Schulkliniken, Kinderverschickungen in Erholungsheime usw., kostenlos für Eltern mit niedrigem Einkommen. Dieser Kampf war jedoch zäh und langwierig. Auch ich kam eines Tages mit Läusen im Haar nach Hause, wie meine Mutter mit Schrecken feststellte. Die »Behandlung« war widerlich: tagelang mußte ich mit einer stinkenden »Petroleumhaube« auf dem Kopf herumlaufen, nachdem das Haar ganz kurz geschnitten worden war.

Und mit den Wanzen war das auch so eine Sache. Meine Eltern, die im Raum neben unserem Kinderzimmer schliefen, hatten eine schöne große Doppelcouch geschenkt bekommen; von sehr vornehmen Leuten, wurde gesagt, fast wie neu. Als meine Eltern die erste Nacht darauf schliefen, wurde ich von der Stimme meines Vaters geweckt.

»Sophie! Wach auf!« rief er, »ich habe den Wanzentraum geträumt!«

Darauf meine Mutter, schläfrig: »Sei ruhig! Ich will schlafen ...«

Kurz danach, meine Mutter: »Iiiigitt ... Milan!! Ich glaub', du hast recht!«

Mein Bruder und ich kletterten aus den Betten und schauten neugierig ins Nebenzimmer. Die ganze »vornehme« Doppelcouch wimmelte von kleinen, platten, braunen Insekten. Mein Vater schaufelte mit wildem Blick, im Schlafanzug, die Tierchen mit einem Messer in die Flamme einer Kerze auf einer mit Wasser gefüllten Untertasse, während meine Mutter, im Nachthemd, mit wirrem Haar, aus einer Flitspritze teuflisch stinkende Sprühnebel verbreitete.

»Ein Nazi … und noch ein Nazi …« zischte mein Vater, als eine Wanze nach der anderen in der Kerzenflamme verging und ins Wasser fiel.

Am nächsten Morgen erhielt mein kleiner Bruder »Sonderinstruktionen«, als er für den Kindergarten angezogen wurde; auch diesen bezeichnete meine Mutter mit dem Wort »vornehm«, das sie oft gebrauchte, im Zusammenhang mit allem, was sich ihrer Meinung nach mit Eleganz vom grauen Alltag abhob und was sie sehr schätzte. Dieser Kindergarten wurde von einer Frau namens Steffa Schloss geleitet, die mein Vater von der Arbeit kannte und die aus Gefälligkeit und Achtung ihm gegenüber meinen Bruder kostenlos in ihr Privatetablissement aufgenommen hatte. Meine Mutter brachte ihn früh hin und holte ihn am Nachmittag ab – was ihr etwas Zeit gab, um mit allen ihren Obliegenheiten zu Beginn des »neuen Lebens« fertig zu werden.

»Du darfst im Kindergarten nicht über die … Wanzen sprechen, Franzl, hast Du das verstanden?« sagte meine Mutter ernst, während sie ihm seinen Mantel anzog. »Denk daran – das ist unser Geheimnis!« Er nickte und machte ein würdevolles Gesicht. »Ja … ein Geheimnis«, lispelte er vor sich hin. In der Schule war an jenem Tag zufällig die letzte Stunde ausgefallen. Ich kam früher als gewöhnlich nach Hause und begleitete meine Mutter, um den Bruder abzuholen. Wir merkten sofort, daß da etwas nicht stimmte: sonst wurden wir dort freundlich begrüßt. Diesmal aber sah man uns scheel von der Seite an und ging uns aus dem Weg, als hätten wir eine ansteckende Krankheit. Wir erkannten bald die Ursache: Mein Bruder, schon fertig angezogen, flüsterte einem kleinen Jungen ziemlich hörbar ins Ohr: »Weißt du, bei uns zu Haus gibt's Wanzen … aber das ist ein Geheimnis!« Wir vernahmen auch, wie die Mutter des kleinen Jungen, der ganz erstaunt die Augen aufriß, sagte: »Pfui Teufel … bei Morgensterns gibt's Wanzen …«, worauf sie ihr Kind schnell von meinem Bruder wegzog und mit ihm davoneilte. Meine Mutter führte einen harten Kampf gegen die Wanzen – unterstützt mit Rat und Tat von »Dr. Monkus«. Die Wohnung wurde auf den Kopf gestellt, alles gründlichst gereinigt, und sehr bald waren die Wanzen besiegt. Sicherheitshalber wurden noch die Kammerjäger geholt; sie spritzten die Wohnung aus, und es stank noch tagelang mörderisch im ganzen Haus – aber die Mitbewohner hatten dafür Verständnis, zumeist aufgrund eigener Erfahrungen in dieser Richtung. Noch lange Zeit danach ertappte ich mich immer wieder dabei, unbekannte

Nachtlager in Ritzen und Matratzen sorgfältig auf Bewegliches zu untersuchen.

Immer wieder wurden mein Bruder und ich in dieser Zeit von meiner Mutter mit dem »Nissenkamm« bearbeitet, den sie nach jedem Strich gegen das Licht hielt und mit zusammengekniffenen Augen genau prüfte. Meine Mutter entfaltete auch ein besonderes Geschick im Flöhefangen und -ertränken, was sehr sinnvoll war, da wir, vor allem im Sommer, immer wieder von Flohstichen geplagt wurden.

In den Jahren, da ich die Volksschule besuchte – und überhaupt während der ganzen Jahre in Wien –, führte mein Vater meinen Bruder und mich oft ins Museum, zu Konzerten im Stephansdom und in den Wienerwald. Mein erstes »richtiges« Konzert – eine Aufführung der 9. Symphonie von Beethoven, dirigiert von Bruno Walter – hatte ich schon in Berlin erlebt. Meine Mutter erzählte oft, daß ich damals lange aufmerksam zugehört hatte, aber als es mir dann wohl doch etwas zuviel wurde, gesagt haben soll: »Wenn dann die 10. kommt, gehen wir nach Hause!« Musikbegeistert war ich seit frühester Kindheit. Stundenlang konnte ich zuhören, wenn mein Vater pfiff, meine Mutter sang oder wenn Musik aus dem Radio oder aus dem Grammophon erklang. In Berlin hatten wir ein Grammophon mit Kurbel und Trichter. Einmal hatte ich, aus Dankbarkeit für den schönen Gesang von Schaljapin auf einer Schallplatte mit dem Lied der Wolgaschiffer, meine gesamten Vorräte an Schokolade und Bonbons in den Trichter gestopft. Das Grammophon wurde durch ein neues, moderneres ohne Trichter ersetzt; mir wurde erklärt, daß die Musik mit Hilfe von Apparaten auf die Schallplatten – oder auf »Radiowellen« – gebracht würde und daß die Musiker, wenn wir diese Platten oder Radiosendungen hörten, weit weg wären. Ich bekam als erstes Instrument eine Mundharmonika geschenkt, auf der ich mit Inbrunst spielte – vor allem »eigene Kompositionen« – und dabei alles andere vergaß, sogar mit meinem Bruder zu zanken und allerlei Unsinn anzustellen.

Die Museums- und Konzertbesuche in den Jahren in Wien gefielen uns Kindern zwar ganz gut, besonders aber freuten wir uns auf die Sonntagsausflüge in den Wald, zumal es meistens regnete, wenn wir in ein Museum oder Konzert geführt wurden, Ausflüge in den Wienerwald hingegen immer mit schönem, sonnigen Wetter verbunden waren. Zu den schönsten Erlebnissen jener Jahre – in Berlin und dann auch in Wien – zählte jedoch das abendliche Vorlesen. Meine beiden Eltern konnten das so gut, daß ich immer alles bildlich vor mir sah, was sie vortrugen. Von meiner Mutter hörten wir auch gerne

Jugendgeschichten, die sie oft erzählte, während sie stopfte, nähte oder strickte. Zu den Büchern, die uns die Eltern abwechselnd vorlasen, ehe zur Nacht das Licht im Kinderzimmer ausgeschaltet wurde, zählten – um nur einige wenige zu nennen: ›Winnie der Puh‹ von Alan Alexander Milne; ›Auf zwei Planeten‹ von Kurd Laßwitz; ›Dr. Doolittle und seine Tiere‹ von Hugh Lofting; Bücher von Erich Kästner, Selma Lagerlöf, Jules Verne und Rudyard Kipling; Gedichte von Christian Morgenstern und Joachim Ringelnatz; Theaterstücke von Gogol, Tschechow, Molière, Schiller und Goethe, Grillparzer, Nestroy und Raimund ...

Mein Vater erzählte spannende, bunt-lebendige Geschichten über historische Ereignisse und brachte sie in unser Dasein als konkrete Wirklichkeit: die Französische Revolution; die Oktoberrevolution; die Kämpfe, die in den dreißiger Jahren in Abessinien und in Spanien tobten. (Betrat er unser Kinderzimmer, wo oft wilde Raufereien zwischen meinem Bruder und mir im Gange waren, pflegte er häufig zu bemerken, er befände sich in Spanien oder Abessinien ...) Er erzählte uns von bedeutenden Musikern, Künstlern, Schriftstellern und Persönlichkeiten der Geschichte und Politik, so daß diese zu lebendigen Begriffen wurden.

Als mein Bruder und ich schon längst selber lesen konnten – und wir lasen beide seit frühester Kindheit viel und gerne –, freuten wir uns immer noch, wenn die Eltern uns vorlasen; es war nicht nur unterhaltsam, sondern auch anregend zum selbständigen Nachdenken und Lesen.

Zu meinen Lieblingsbüchern, die ich in Wien las, zählten ›Ede und Unku‹ von Alex Wedding; ›Hans Urian‹ von Lisa Tetzner; ›Der Weg ins Leben‹ von Anton S. Makarenko; ›Die Uhr‹ von Pantelejew – neben den vielen Bänden von Karl May und Reiseberichten von Stanley und Livingstone, Gino Watkins, Knud Rasmussen, sowie Sagen, Märchen der verschiedenen Völker und vieles andere mehr. Mein Vater wachte unaufdringlich, feinfühlig, aber sehr aufmerksam über die Bücher, die wir in die Hand bekamen.

In Wien besuchte ich in der ersten Zeit, bis zu seiner Schließung im Jahre 1934, den Hort der sozialistischen Jugendorganisation »Rote Falken«. Dort unternahmen wir Ausflüge, spielten Theater, lernten viele schöne Lieder – ähnlich wie bei den Jungpionieren in Berlin, wo ich für kurze Zeit als jüngstes Mitglied eine Gruppe in Schöneberg besucht hatte – bei Kurt (Conny) Linz, damals ein junger Mathematiklehrer, erfüllt von Humor, Energie und Unternehmungsgeist –, der wenige Tage vor Niederschrift dieser Zeilen im Alter von 80 Jahren gestorben ist.

Das Jahr 1934 war sehr ereignisreich, und es brachte in Österreich bedeutende Veränderungen.

Für mich ist dieses Jahr vor allem mit zwei Ereignissen verbunden, die sich in meine Erinnerung eingeprägt haben. Im Winter 1933/34 saß mein Vater tagelang an seinem Radiogerät und drehte an dem quietschenden Empfänger herum, um ja keine Nachricht über den sowjetischen Eisbrecher »Tscheljuskin« zu versäumen, der im Packeis des Polarmeeres steckengeblieben war. Der Wissenschaftler Otto Juliewitsch Schmidt hatte damals versucht, eine Winterhandelsroute durch das nördliche Eismeer, von Murmansk bis Chabarowsk, zu erkunden – was ihm zwei Jahre später auch gelang. Der Name dieses Expeditionsleiters und die Namen der Polarflieger, Lapidewski und Babuschkin, die alle 28 Besatzungsmitglieder, darunter zwei Frauen und ein Kind, in einer sensationellen und waghalsigen Aktion retten konnten, waren wochenlang das Hauptthema in zahlreichen erregten Telephongesprächen und Unterhaltungen meiner Eltern mit Freunden und Bekannten in jener Zeit. Diese Sache hatte auch meine Phantasie vollkommen vereinnahmt. Ich durchstöberte die Bibliothek meines Vaters nach Büchern über die Polargebiete, verschlang jede Zeile und jedes Bild über dieses Thema, blockierte die Toilette auf der Suche nach Nachrichten in der Zeitung im »stillen Kämmerlein«, und zum Entsetzen meiner ordnungsliebenden Mutter verwandelte ich unser Kinderzimmer in die Eiswüste um den »Tscheljuskin«, kommandierte meinen Bruder fast bis zur Erschöpfung – einmal war ich »Otto Schmidt«, dann wieder »Lapidewski« oder »Babuschkin«. Seit jener Zeit hat mich die Leidenschaft für den hohen Norden nicht mehr losgelassen. Mehr als 40 Jahre sollten jedoch vergehen, ehe sich der Traum, diesen Teil der Welt zu erforschen, erfüllen konnte …

Das Jahr 1934 war beherrscht von einer äußerst angespannten Lage im Lande, die sich vor allem zuspitzte, nachdem Bundeskanzler Dollfuß – mit nur einer Stimme Mehrheit und mit Hilfe der Heimwehr an die Macht gelangt – das Parlament aufgelöst und den »Schutzbund« verboten hatte. Unsere damalige Haushaltshilfe, eine Frau Schmiedeck, erschien meistens frühmorgens, wenn ich mich in der Küche wusch und mich auf die Schule vorbereitete. Die Wohnung hatte ja, wie bereits erwähnt, kein Badezimmer.

Als ich am 12. Februar 1934 erwachte – es war ein Tag nach dem fünften Geburtstag meines Bruders –, vernahm ich ein fernes Böllern und Krachen; es war aber kein Gewitter, es hörte sich anders an. Der Wecker bei Weinbergers nebenan klingelte: 6 Uhr früh. Erneutes Donnergrollen. Im Zimmer meiner Eltern nebenan wurde es unruhig.

»Da wird doch geschossen!« hörte ich die Stimme meines Vaters.

Bald danach kam Frau Schmiedeck in unsere Küche gestürzt. »An Generalstreik gibt's«, sagte sie, noch ganz außer Atem.

Tatsächlich: es brannte kein Licht, es gab kein Gas, und die Straßenbahn fuhr nicht. Dollfuß, so wurde gesagt, befand sich zu jener Zeit in Budapest, und sein Stellvertreter, den mein Vater als einen besonders radikalen Sozialistenfeind bezeichnete, ein Major Emil Fey, hatte die Gelegenheit genutzt und die Heimwehr zum bewaffneten Kampf gegen den verbotenen Schutzbund eingesetzt. Das erfuhr ich allerdings erst später.

Frau Schmiedeck, eine gewaltige, amazonenhafte Erscheinung, mit rötlicher Mähne und Pferdegesicht, hatte eine Stimme, die mich an Pferdewiehern erinnerte. Sie redete laut und ohne Unterlaß. Meistens rauschte ihr Wortschwall an mir vorüber, aber an jenem Morgen horchte ich doch auf. Sie erzählte, daß in Linz schon am Tage zuvor auf die Arbeiter geschossen worden war; Dollfuß soll gesagt haben, lieber die Nazis im Land als die Sozis an der Macht; die Verhaftungen hätten auch schon in Wien angefangen. Meine Mutter war sichtlich beunruhigt, sie blickte besorgt zum Fenster, als die Scheiben bei einem erneuten dumpfen Grollen klirrten und zitterten. An jenem Tag fand kein Schulunterricht statt. Im Milchladen bei Frau Stippinger traf ich Liesl Endres. Die Jalousie war zwar heruntergelassen, doch der Milchverkauf ging trotzdem weiter – die Frauen brauchten Milch für ihre Kinder. Liesl erzählte, daß ihr Vater verhaftet worden sei, daß einer ihrer Onkel, obwohl die Mutter geweint und ihn gebeten habe, es nicht zu tun, Pakete in Liesls Schulranzen gepackt hatte, die sie unbedingt zu ihrem anderen Onkel auf den Schlingerhof in Floridsdorf bringen sollte. Ich beschloß kurzerhand, sie zu begleiten. Meine Milchkanne gab ich, mit dem Rest des mir anvertrauten Milchgeldes, der freundlichen Frau Weinberger, die hinter mir den Laden betreten hatte.

Nichtsahnend zog ich dann mit Liesl los. Auf der Marchfeldstraße sahen wir eine entgleiste Straßenbahn, wie eine Leiche lag sie mit umgekippten Wagen da. An der Brücke wurden wir von einem noch ganz jungen Hahnenschwänzler* aufgehalten: die Brücke war gesperrt. Die Liesl begann laut zu heulen und zu schreien, sagte, sie müsse doch »heim, nach Floridsdorf«. Einen Augenblick lang war ich stutzig, denn die Liesl wohnte doch auf unserem Engelsplatz – doch dann begriff ich, worum es ging, und fing auch an, laut zu heulen und zu schreien. Wir müßten doch »heim zu Mutti, nach Floridsdorf!« Der junge Mann wußte nicht recht, was er mit zwei flennenden Kindern anfangen sollte, und ehe er noch einen Entschluß fassen konnte, waren wir schon losgerannt. Plötzlich kam uns ein Mann entgegen. »Niederlegen!« schrie er und drückte uns zu Boden. Dann knallte, krachte und pfiff es auch schon von allen Seiten. Ich wollte etwas sagen,

* Nach ihrer Hahnenfeder am Hut benannte paramilitärische austrofaschistische »Heimwehr«.

aber da sauste etwas ganz nahe an meinem Kopf vorüber. Ein heißer Luftzug brannte mir auf dem Gesicht, wehte das Haar in die Augen und verursachte einen schmerzhaften Druck im Ohr, als ein Geschoß in das Brückengeländer einschlug und die Brücke so stark erbebte, daß ich meinte, sie würde unter uns zusammenbrechen und uns in die reißende Donau stürzen, wo wir in dem kalten Wasser zwischen den treibenden Eisschollen ertrinken müßten. Blitzartig tauchte die Erinnerung an die Jungen auf, die im Sommer oft auf die riesigen Brückenbögen kletterten und von dort aus in die Donau tauchten; immer wieder hörte man, daß einer dabei in einen Strudel geraten und ertrunken sei. Mich erfaßte große Angst. Ich wußte nicht, was da passierte, und wollte zurück nach Hause. Nur mit Mühe vermied ich nun, nicht wie kurz vorher gespielt, sondern richtig loszuheulen. Als das Schießen kurz danach verstummte und der fremde Mann jede von uns an eine Hand nahm, rannten wir mit ihm in den nächsten Hauseingang. Als die Knallerei wieder losging, hatten wir zum Glück die Brücke schon fast überquert. Der Mann begleitete uns den ganzen Weg, bis zu der Adresse, die Liesl ihm angegeben hatte. Es war ziemlich weit zu Fuß – die Straßenbahn fuhr ja nicht. Die Straßen waren menschenleer, bis auf einige Männer in Uniform mit Gewehren und vereinzelte Gestalten in Zivil, die kurz auftauchten und schnell wieder verschwanden. In der Küche der Wohnung, die wir dann betraten, waren mehrere Männer, Frauen und Kinder. Aus einem Topf auf einem Spirituskocher stieg Dampf, es roch nach Sauerkraut, und ich bekam Hunger. Aus dem Schulranzen und der Einkaufstasche, die wir gebracht hatten, wurde aber … Munition ausgepackt. Was da zum Vorschein kam, wäre für die kämpfenden Leute am Schlingerhof kaum ausreichend gewesen, aber um ein Haar wären Liesl und ich dabei ins Jenseits befördert worden. Die Menschen in der Küche umarmten uns, dankten uns unter Tränen und freuten sich selbst über diesen geringen Beitrag. Sie haben auch nur wenige Tage durchhalten können und mußten den Kampf bald aufgeben. Erst spät abends waren wir auf langen Umwegen, in Begleitung eines anderen Mannes, wieder zu Hause angelangt. Meine Mutter war vor Angst und Aufregung fast von Sinnen; wie konnte ich nur so wegrennen, noch dazu gerade jetzt, ich hätte es ja immer schon bestens verstanden, ihr Aufregung und Sorgen zu bereiten, und so weiter und so fort …

Ich mußte zur Strafe ohne Abendbrot ins Bett und fühlte mich beleidigt, weil keiner meine »Heldentat« würdigte. Ganz leise wurde dann, als ich schmollend unter der Bettdecke lag, die Tür des Kinderzimmers geöffnet, mein Vater schlich herein, steckte mir einen roten Apfel zu und sagte: »Hier – du Held! Aber denk dran – ein guter Kämpfer muß Disziplin haben! So. Und jetzt schlaf, morgen reden wir weiter …«

Was ich damals nicht geahnt hatte, war die Tatsache, daß die Kämpfe in Floridsdorf, der Aufstand der Arbeiter von Wien gegen den drohenden Faschismus, als historisches Ereignis in die Geschichte der Wiener Arbeiterklasse eingegangen ist. Wie sich immer wieder erwiesen hat, ist ein Sieg im Kampf gegen Unterdrückung, Unrecht und Faschismus nur möglich, wenn eine einheitliche Kampffront besteht. Da diese in Wien im Jahre 1934 gefehlt hatte, endete der Kampf mit einer Niederlage. Noch lange danach saßen die besten Vertreter der Arbeiterschaft von Wien in Wöllersdorf, das, wie ich später hörte, das erste österreichische KZ gewesen ist.

Kurze Zeit später ereignete sich noch etwas, das wie ein düsteres Vorzeichen anzudeuten schien, daß unser Neuanfang in Wien nach der Emigration aus Deutschland noch kein endgültiger Abschluß unserer Wanderung sein sollte. Die erste warme Frühlingssonne lockte meine Mutter auf den Balkon. Mit Nähkorb und reparaturbedürftigen Strümpfen und Wäschestücken, ein fröhliches Lied trällernd, ließ sie sich an jenem Sonntagmorgen dort nieder. Ein milder Wind wehte den Duft feuchter Erde vom Überschwemmungsgebiet – den breiten Wiesen auf beiden Donauufern – herüber. Als meine Mutter eine grellrote Jacke von mir aus dem Nähkorb zog und sie ausbreitete, um zu sehen, an welchen Stellen sie gestopft werden mußte – knallte plötzlich ein Schuß. Meine Mutter bekam einen mächtigen Schreck. Mein Bruder und ich hatten ausnahmsweise einmal friedlich zusammen neben der Mutter auf dem Balkon gespielt. Schnell wurden wir ins Zimmer hineingezerrt. Ein Polizist unten auf der Straße hatte die rote Jacke für eine rote Fahne gehalten …

Ohne zu zögern packten daraufhin meine Eltern einige Sachen zusammen, und wir »verschwanden« für einige Zeit aus unserer Wohnung – in eine Villa in Dornbach, am Stadtrand von Wien. Sie gehörte einem Professor, mit dem mein Vater durch seine Arbeit bekannt war und der ihm und uns Asyl für die nächste Zeit angeboten hatte. Ich kann mich nicht mehr an ihn erinnern – nur an seine Frau, streng und unnahbar. Sie nahm uns kaum zur Kenntnis. Wir mußten dort immer nur still sein und durften uns kaum bewegen. Zur Schule ging ich in dieser Zeit nicht. Ich war heilfroh, als wir nach einigen Wochen wieder zu Hause waren. Es stellte sich dann heraus, daß wir in dieser kritischen Zeit nicht umsonst unsere Wohnung verlassen hatten: Am Engelsplatz und in anderen »roten« Gemeindesiedlungen hatte man nach Waffen gesucht, die angeblich 1918 irgendwo in der Gegend vergraben worden sein und die für den verbotenen Schutzbund verwendet werden sollten. Die Polizei hatte die Siedlungen nach »kommunistischen Rädelsführern« durchkämmt, es hatte viele Verhaftungen gegeben, und es bestand Grund zu der Annahme, daß auch mein

Vater hätte verhaftet werden sollen. Da er aber nicht zu Hause war, scherte man sich nicht weiter um ihn. Eine Suchaktion hätte zu viel Mühe gemacht. Die Gründlichkeit der deutschen Nazis hatte in jener Zeit in Wien noch keine Wurzeln geschlagen ...

Die Straßenbahn fuhr wieder, das Leben schien in die gewohnten Bahnen zurückzukehren. Und doch hatte sich manches geändert. Den Hort der »Roten Falken« gab es nicht mehr. Unser Hof hieß auch nicht mehr »Engelsplatz«. Wir wohnten nicht mehr Engelsplatz 2, sondern Pater-Abel-Platz 1. Wer Engels war, wußte ich; aber Pater Abel? In der Schule mußten wir alle ein kleines, dreieckiges Abzeichen mit einem Eichenblatt auf den österreichischen Farben rot-weiß-rot für 40 Groschen kaufen und tragen: das sei, so wurde uns gesagt, das Abzeichen der »Vaterländischen Front«. Die neue Verfassung, die am 1. Mai 1934 verkündet wurde, erklärte Österreich zu einem christlichen Bundesstaat, gestützt durch die nationale Organisation der »Vaterländischen Front«. Wie »vaterländisch« diese Front war, deutete ein Lied an, das zu allen Anlässen gesungen wurde. Die Melodie gefiel mir zwar, aber der Text war mir rätselhaft. Da hieß es zum Beispiel:

> Ihr Jungen, schließt die Reihen fest,
> ein Toter führt euch an ...
> ... ein wahrer deutscher Mann ...

Waren mit »Jungen« auch die Mädchen gemeint? Und – wie konnte ein Toter die Reihen anführen? Das Lied bezog sich auf Dollfuß, der am 25. Juli 1934 erschossen wurde. Man lehrte uns Heimatliebe zu Österreich – aber dieser tote Mann, der da die Reihen anführen sollte, wurde als ein »wahrer deutscher Mann« bezeichnet – etwa als besondere Auszeichnung? Das alles fand ich schwer zu begreifen.

Im Sommer 1934 grassierte in Wien eine Scharlach- und Diphtherieepidemie. In der Schule wurde ausgespritzt, überall stank es nach Karbol, ein Kind nach dem anderen in meiner Klasse und in meiner Bekanntschaft wurde krank. Bei Tag und bei Nacht hielten Krankenwagen an den Hausaufgängen des Pater-Abel-Platzes, Krankenträger trugen auf Bahren fiebernde Kinder; weinende Mütter, Großmütter und besorgte Väter blickten dem Wagen nach. Auch ich wurde krank, bekam Scharlach und wurde so auf einer Bahre aus dem Haus getragen. Liesl stand neben meinen Eltern und winkte mir, mit Tränen in ihren blauen Augen. Ich wollte nicht fort ins Spital. Bis dahin war ich noch nie von beiden Eltern getrennt gewesen. Ein Spital – eine schreckliche Vorstellung!

Viele Leute in einem großen Raum, alle krank; man mußte still sein und gehorchen, bekam Spritzen, Umschläge und bittere Medizin …

Ganz so schlimm war es dann doch nicht. Das Kinderspital der Stadt Wien, in der Alserstraße im 8. Bezirk, hatte geräumige, helle Säle, in jedem lagen etwa zehn Kinder. Es war drückend heiß, die fiebernden Kinder wälzten sich unruhig in ihren Betten. Aus meinen Ohren lief Eiter, und ich hatte Schmerzen. Die Schwestern, vor allem eine kleine blonde, sommersprossige Schwester Herma mit lustigen braunen Augen, konnten wir alle gut leiden. Schwester Herma war humorvoll und freundlich, aber dennoch konsequent. »Spinat ess' ich nicht«, sagte ich, als das erste Mittagsmahl gebracht wurde. »Wenn nicht jetzt – dann halt heut' zum Nachtmahl – oder morgen zum Frühstück – wenn es eigentlich Rührei gibt …« Ich habe seitdem Spinat gegessen; heute mag ich ihn sogar gern.

Sechs Wochen verbrachte ich im Kinderspital. Mit den Kindern im Saal freundete ich mich schnell an, die Schwestern scherzten mit uns, und dann war dort noch ein Arzt, den wir alle besonders gern hatten: mit dunklem Haarschopf, gutmütigen grauen Augen und buschigen dunklen Augenbrauen, hatte er immer ein freundliches Wort für jedes Kind und auch für die Schwestern übrig. Man nannte ihn Dr. Jerusalem. Am 25. Juli stand Dr. Jerusalem mit Schwester Herma und Schwester Fels, einer etwas älteren und strengeren Schwester, am Radio, als die Ermordung von Dollfuß bekanntgegeben wurde. An jenem Tage waren Nazimörder, verkleidet in österreichische Armeeuniformen, ins Kanzleramt eingedrungen, wo sie Dollfuß in seinem Arbeitszimmer aus nächster Nähe erschossen.

»Heut' erschießen die Nazis Dollfuß, morgen schlucken sie ganz Österreich, übermorgen verheizen sie uns alle in einem Krieg«, kommentierte Dr. Jerusalem, als aus dem Radio Trauermusik erklang. Ich fand es schwer zu begreifen, warum es Nazis gewesen sein sollten, die Dollfuß ermordet hatten. Immer wieder hatte ich doch meinen Vater sagen gehört, Dollfuß sei ein Reaktionär, ja sogar einen Faschisten hatte er ihn genannt – also mußte Dollfuß, meinem damaligen Verständnis nach, ein schlechter Mensch gewesen sein, so etwas wie ein Nazi. Das alles hatte mir damals viel zu denken gegeben. Erstaunlich, wie Dr. Jerusalem am Tage der Ermordung von Dollfuß in wenigen Worten eine – leider – so treffende Prognose geben konnte. Viel später erfuhr ich, daß Dr. Jerusalem identisch war mit dem Publizisten Fritz Jensen, einem Spanienkämpfer, der auch in China gegen Tschiang Kai-schek gekämpft hatte und 1956 bei einem Flugzeugabsturz ums Leben kam.

Nach Hause zurückgekehrt nach dem langen Krankenhausaufenthalt, freute ich mich, wieder bei den Eltern, meinem Bruder und den »Omas« zu sein, die alle zu meinem Empfang bei uns versammelt waren. Als ich unser Wohnzimmer betrat, schlug mir sogleich die herrlich anheimelnde Atmosphäre entgegen, die ich so lange vermißt hatte: aus dem Radio erklang Mozarts »Kleine Nachtmusik«, die mit Büchern tapezierten Wände umgaben mich, die ganze Wohnung war durchflutet vom warmen Licht der Sommersonne, das durch die geöffneten Fenster hereinströmte; bläulicher Zigarettenrauch kräuselte sich in den Sonnenstrahlen und verbreitete einen vertrauten Duft. Vom Balkon unseres Kinderzimmers aus bot sich der gewohnte, schöne weite Blick, und ich genoß in vollen Zügen die Rückkehr in die häusliche Umgebung. Auf der Toilette – die im Gegensatz zu jener im Spital abgesperrt werden konnte, so daß keine unerwarteten Störungen zu erwarten waren – fand ich eine Zeitungsseite mit der fettgedruckten Überschrift: »WAR DOLLFUSS DER ERSTE ODER DER LETZTE?«

In den dreißiger Jahren erreichte das geistige und kulturelle Leben in Wien einen seit mindestens 1914 ungekannten Höhepunkt mit glanzvollen Theater- und Konzertaufführungen. Ich selber erinnere mich an unvergeßliche Aufführungen im Burgtheater, mit Paula Wessely, Paul Hörbiger, Elisabeth Bergner und anderen bekannten Schauspielern, die ich auch im Kino gesehen hatte. Im Kino war es zwar immer wieder ein erregender Moment, wenn der bunt bestrahlte, glitzernde Vorhang bei drei Gongschlägen – bim – bam – bommmm – aufging, doch im Theatersaal, inmitten duftender, rauschender Abendkleider und teurer Extravaganz, mit Lustern, deren Glasornamente wie Diamanten aussahen, und mit Geflüster ringsum: »Da schau, ist das nicht der Herr von ... oder der berühmte ...« war das noch viel interessanter. Vor allem waren die Schauspieler auf der Bühne im Theater ganz persönlich und lebendig, nicht nur, wie auf der Leinwand im Kino, auf einem Film zu sehen. Ich erinnere mich an Konzerte im Musikverein; unvergessen ein Beethovenkonzert mit Arthur Schnabel am Klavier; ein Bachabend mit Edwin Fischer; Jehudi Menuhin mit den Wiener Philharmonikern unter Furtwängler; Toscanini dirigierte »Tosca« in der Oper ... Die Illustrierten, die ich von Vaters Schreibtisch stibitzte und mit ins »stille Kämmerlein« zum ungestörten Lesen nahm, waren voll mit Bildberichten über bedeutende Kunstereignisse, Bildern von bekannten Künstlern und Kommentaren, durchsetzt mit Gesellschaftstratsch.

Das Wiener Straßenbild jener Jahre war von gut gekleideten, gesund aussehenden Menschen beherrscht, die in den Geschäften aus und ein oder vor den Auslagen »fensterln« gingen und davon träumten, welche der teuren Luxusartikel, die in reicher Auswahl in den Fenstern zur Schau gestellt waren, sie sich aussuchen würden, wenn sie das nötige Geld hätten. Für den Augenblick schien es, als wäre das Leben wieder normalisiert, als wäre der Frieden wiederhergestellt. Das war aber nur auf der Oberfläche. Nach wie vor hörte ich immer wieder in Gesprächen der Erwachsenen, daß Sozialdemokraten und Kommunisten im Gefängnis saßen. Vor allem aber vernahm ich immer öfter bei den verschiedensten Anlässen offene und versteckte judenfeindliche Bemerkungen unter Erwachsenen und unter Kindern, in der Schule und auf der Straße.

Jude sein – das galt als eine Schande. Als Jude war man Mensch zweiter Klasse. Das kannte ich schon von früher, obwohl ich in das Judentum eigentlich nur durch die Lebensumstände und durch den Antisemitismus hineingedrängt worden war. In der Familie wurde zwar nie ein Hehl daraus gemacht, daß wir Juden waren, aber ich wurde nicht religiös erzogen. Immer wieder hatte mein Vater in mir das Gefühl verstärkt – vor allem durch spannende Erzählungen –, daß gerade die Geächteten, Verfolgten, die mehr Lebensmut, mehr Standhaftigkeit, Solidarität und Ehrlichkeit aufbringen mußten als ihre Peiniger, die besseren Menschen waren und sind. Für mich waren demnach Juden, Zigeuner und Kommunisten eher »Helden« als mitleiderregende Opfer.

Unser Leben verlief nach jenen aufregenden Ereignissen einige Monate lang wieder normal: Wir gingen zur Schule, spielten auf dem Hof, und wenn wir Hunger hatten, brüllten wir: »Mamaaaa!«, und dann ließ meine Mutter, nachdem sie heruntergerufen hatte, wir sollten nicht so schreien, ein Körbchen mit belegten Broten an einer langen Schnur vom fünften Stock durch das Küchenfenster zu uns auf den Hof herunter (nicht nur meine Mutter praktizierte diese Methode, sondern auch viele andere Mütter und Omas). Uns gegenüber wohnte eine Familie, mit deren überlebenden Mitgliedern ich bis heute befreundet bin: Czech-Schapira stand auf dem Schild der Wohnungstür. Czech – das war die Großmutter zweier Jungen, etwa in meinem Alter, mit denen ich gern und viel spielte. Der eine, Marcel, lustig, gesellig, mit dunkelblondem, glattem Haar, das ihm immer in die Stirn rutschte, und großen braunen Augen; der andere, Bertl, warmherzig und kameradschaftlich, zuverlässig, war wortkarg und ernst. Er hatte schwarzes kurzgeschnittenes Haar und sehr dunkle, etwas kleinere Augen als sein Bruder, und er war ungewöhnlich intelligent. Die beiden brachten ihre Großmutter oft fast zur Weißglut. Sie hatte Temperament, diese »Oma Czech«, und sie brauste leicht auf. Obgleich sie jahrelang in Wien gelebt hatte, verlor sie nie ihren harten, tschechischen Akzent – was zuweilen zu Mißverständnissen führte. So brachte sie einmal meiner Mutter vom Markt ein kleines Päckchen mit. »Nooooo«, sagte sie munter, als sie in unsere Küche trat, wo meine Mutter gerade eine duftende Suppe kochte, »wollen's Biegl Hols fir die schänä Suppäaa?« »Was? Wozu denn – Holz in die gute Suppe?« entgegnete meine Mutter etwas verwundert, begriff aber schnell, als das Päckchen geöffnet wurde, daß die gute Frau ihr frisches Geflügelklein – Gänseleber und H a l s – vom Markt mitgebracht hatte. Beide Frauen lachten herzlich über das Mißverständnis, und meine Mutter hat die Geschichte immer wieder zum besten gegeben.

Wenn die Buben die »Oma Czech« in Rage brachten, kam diese aus dem Haus gestürzt und verfolgte die beiden, einen Scheuerlappen schwingend, mit wildem Gesicht und fliegenden grauen Haaren, rund um das Rondeau des Hofes und schrie: »Marrrzl ... Berrtl ... willst Ohrfaigääää?!« und schüttelte dabei mit einer entsprechenden Geste die Hand. Ihre Tochter Leopoldine, eine hübsche blonde junge Frau, pflegte ihren an Gelenkrheumatismus erkrankten Mann bis zu dessen Tod mit so viel Hingabe und Treue, daß meine Mutter sie »Fidelio« nannte. Heute ist »Fidelio«, über 90 Jahre alt, nach wie vor wie ein liebes Familienmitglied. Sie bewohnt, zusammen mit Enkelin, deren Mann und Kind, die Wohnung, die genau über unserer ehemaligen Wohnung Engelsplatz 2, 5. Stock, Tür 13 gelegen ist.

Ich saß am Radio und suchte nach jugoslawischer Volksmusik: Seitdem ich zum erstenmal zufällig am Radio einen »Kolo« – einen beschwingten jugoslawischen Volkstanz – gehört hatte, drehte ich bei jeder Gelegenheit am Apparat herum, im Bemühen, diese wunderbare Melodie wiederzufinden. »Hallo, hallo, hier Radio Wien«, hörte ich die Stimme eines Ansagers; mein Vater kam hinzu und unterbrach meine Musiksuche: »Halt – das ist wichtig«, sagte er und schob mich beiseite. Es wurde bekanntgegeben, daß Dr. Kurt von Schuschnigg zum Nachfolger im Amt von Engelbert Dollfuß als österreichischer Bundeskanzler ernannt worden war. Hierzu ist zu sagen, daß Schuschnigg dem katholischen Klerus verbunden, aber gleichzeitig entschlossen war, sich für das Überleben Österreichs als unabhängiger Staat einzusetzen. Er löste die Heimwehr auf und bemühte sich, seinem Lande Hitler vom Hals zu halten. Aber indem er in seinem Bemühen um Ruhe und Frieden Hitler immer mehr Zugeständnisse machte, weil er wußte, daß Österreich im Falle eines offenen Widerstandes von keiner Staatsmacht der Welt unterstützt würde, allein auf sich gestellt dazu aber zu schwach wäre, lieferte er sein Land unmittelbar an die Nazis aus. Die einzige Rettung – ein Bündnis mit der fortschrittlichen Arbeiterschaft und Intelligenz seines eigenen Landes – erkannte Schuschnigg erst im letzten Augenblick, als es bereits zu spät war. – Von 1938 bis 1945 wurde Schuschnigg in Deutschland gefangengehalten. Danach emigrierte er in die USA, wo er 1977, achtzigjährig, gestorben ist.

Das Jahr 1934 ging zu Ende.

Der Herbst färbte die Blätter an den Bäumen goldgelb und rot. Wenn mein Bruder und ich im Floridsdorfer Aupark oder im gepflegten Türkenschanzpark unter alten Kastanien umherliefen, raschelte es lustig unter den Füßen. Nachdem der Wind die Äste leergefegt hatte, stand Wien im weißen Winterkleid. Auf den Straßen sah man die Maronibrater, mit Ohrenklappen gegen die Kälte, die Hände über den großen, runden schwarzen Öfen, Kastanien und Erdäpfel in einer Schale in der Glut röstend. Für wenige Groschen konnte man eine Tüte Maroni oder eine in der Glut geröstete Kartoffel mit etwas Salz kaufen.

Nach der Schule stürmte ich oft in Trainingsanzug und Wollmütze, mit Schlittschuhen über der Schulter, die Treppen hinunter. Die Benutzung des Lifts kostete 10 Groschen, hinunterfahren sollte man nicht. Darum lernten wir Kinder sehr schnell, den Lift auch ohne Einwurf von 10 Groschen zum Hinauffahren zu benutzen – und hinunter rutschten wir auf dem Geländer. Das ging schnell und machte Spaß (vor allem, weil es verboten war). Nicht weit von unserem Haus entfernt befand sich ein Eislaufplatz. In einer langen, lärmenden Reihe zogen wir über den Hof, durch den Tunnel gegenüber unserem Haus, überquerten den Kapaunplatz dahinter und gingen an einem Gasometer vorbei zum Eislaufplatz. Man bezahlte 20 Groschen Eintritt, zog sich in einer mit einem Eisenofen geheizten Baracke die Schlittschuhe an und stürmte hinaus aufs Eis. Ein heiseres Grammophon spielte immer die gleichen Walzer, Märsche und Schnulzen, die damals gerade populär waren. Bekam man Hunger, kaufte man sich für 20 Groschen belegte Brötchen an einem Stand neben der Umkleidebaracke und glitt weiter auf der blanken Fläche, die immer wieder von Spezialfahrzeugen gefegt und neu gespritzt wurde. Die Schneeflocken wirbelten im Licht der hohen Bogenlampen; hinter einem Seil, wo das Eis besonders spiegelblank glänzte, schwebten die »Kunstläufer«: Tanzpaare, junge Männer in karierten Jacken und Knickerbockers, Mädchen in roten, grünen oder blauen Samtkleidchen mit weißem Pelzbesatz und kleinen passenden Käppchen. Auf der übrigen Eisfläche kreisten die weniger versierten Läufer und Läuferinnen, zumeist Kinder, aber auch Erwachsene mit Sprößlingen oder ältere Sportenthusiasten. Für einen Schilling je Stunde konnte man bei einem Eislauflehrer trainieren.

Im Jahre 1935 kam ich in die letzte Klasse der Volksschule. In jenem Jahr begab sich meine Mutter auf eine nicht ungefährliche Reise. Sie hatte in Breslau eine Freundin, die sie, wenn sie uns von ihr erzählte, »Mama-aus-Breslau« nannte. In ihrer Jugend hatte meine Mutter eine Zeitlang die verhaltensgestörte Tochter dieser Frau betreut. Um diese und andere ihrer Freundinnen und deren

Familien in Deutschland, die größtenteils Juden oder politisch engagiert waren, machte sich meine Mutter so große Sorgen, daß sie im Herbst 1935 darauf bestand, sie zu besuchen, um sie zur Emigration aus Deutschland zu bewegen. Meine Mutter hatte zwar einen österreichischen Paß, und zu dieser Zeit war so ein Unternehmen noch möglich, aber nachdem sie erst zwei Jahre zuvor Deutschland unter Gefahren verlassen hatte, war die Sache nicht ganz ohne Risiko. Etwas später wäre so etwas undenkbar gewesen. Die Genossen meines Vaters baten meine Mutter, einige Nachrichten zu übermitteln. Vor Mäusen hatte meine Mutter zwar Angst, doch wenn es darum ging, Menschen in Not zu helfen, war sie erstaunlich mutig. Sie hatte auch ein hervorragendes Gedächtnis.

Nach etwa zwei Wochen, in denen Frau Schmiedeck, »Dr. Monkus« und deren Schwester Jenny – sie wohnte nicht in der Lustgasse mit den anderen Schwestern – uns versorgten, kehrte meine Mutter wohlbehalten nach Wien zurück. Sie erzählte, daß das Leben in Nazideutschland äußerlich ruhig und geordnet verlief, daß viele Menschen sich dadurch täuschen ließen und die Gefahr, die ihnen als Juden drohte, nicht sehen wollten; sie meinten, Hitler könne sich auf die Dauer sowieso nicht halten; außerdem seien sie »unbescholtene Bürger«, die nichts mit Politik zu tun hätten. Erst die Kristallnacht, drei Jahre später, sollte diese Menschen ernüchtern; für viele war es aber da schon zu spät. Die politisch Engagierten waren bereits »untergetaucht«, insofern sie noch nicht eingesperrt oder ermordet worden waren. Alle die jüdischen Freunde, die meine Mutter zur rechtzeitigen Flucht aus Deutschland hatte überreden wollen, wurden in der Kristallnacht oder danach in den Konzentrationslagern umgebracht.

Immer wieder klopften in jenem kalten Winter Leute von der »Winterhilfe« an unsere Tür, die Geld und warme Kleidung für die Armen sammelten. Alles war erfreut über die erste wärmende Frühlingssonne. Der Sommer 1936 war besonders heiß. Mein Bruder und ich gingen oft baden, entweder in das Kinderfreibad an der Floridsdorfer Brücke (wir nannten es »Zecherlbad«; es war vom Balkon unserer Wohnung aus zu sehen); oder wir gingen in eins der Donau-Strandbäder: ins »Gänsehäufel«, ins Arbeiterstrandbad oder ins Angelibad – heute alle bequem mit der Wiener U-Bahn zu erreichen. Damals war es eine recht weite Fahrt mit der Straßenbahn, und danach mußten wir noch ein ganzes Ende durch die Gluthitze zu Fuß gehen. In den Schulferien verreisten wir in eine »Kinderkolonie«, entweder nach Küb am Semmering, ins »Haus in der Sonne«, geleitet von »Tante Lintschi« Ammanshauser, die uns wie eine Mutter betreute, oder in die »Kolonie der Wiener Kinder« (KWK), geleitet von der jungen Pädagogin Trude Frankl, einer glühenden Zionistin, ein jüdisches Kinderheim im Krapfenwaldl bei Wien. Diese Ferienkolonien waren herrlich gelegen, inmitten von Wäldern und Bergen. Wir lernten dort echte Kameradschaft, aber auch bei Sport und Spiel und bei Wanderungen Mut, Geschick, Abhärtung und Ausdauer.

»Tante Lintschi« und Trude waren, jede auf ihre Art, aufrichtige österreichische Patriotinnen. Sie führten mit uns Gespräche, draußen in der freien Natur, am Lagerfeuer oder abends in den Schlafräumen; sie lasen aus Büchern vor oder erzählten spannende Geschichten. Sie gaben uns das Gefühl, daß wir in einem schönen Land mit großen Traditionen in Kunst, Kultur und Musik zu Hause waren, in einem Land, das unserer Liebe würdig war. Beide Kinderkolonien hatten ihre eigenen Lieder; wer sie komponiert hat, weiß ich nicht, aber ich liebe sie bis heute. Sie sind mit Erinnerungen verbunden, die mir in schweren Augenblicken des Lebens immer wieder Mut gegeben haben.

»Wir halten fest und treu zusammen ...« heißt es im Refrain des »KWK«-Liedes; das haben wir getan. In vielen Fällen über Jahrzehnte hinweg, über Gefängnismauern, Stacheldrahtzäune und Ländergrenzen – soweit wir die schlimmsten Jahre der Nazizeit und des Krieges überlebt haben. Ein großer Teil jener Kinder von damals ist umgekommen: in den Gaskammern von Treblinka, Auschwitz und Majdanek, im Krankenbau von Ravensbrück, in Mauthausen, Buchenwald und Dachau. Wir übrigen wurden in die ganze Welt verstreut. »Tante Lintschi« hat die Nazis gehaßt. Sie war Christin und Österreicherin aus Überzeugung. Trude Frankl verband ihren Zionismus und ihr Judentum mit der Überzeugung, daß wir alle auch zu Österreich gehörten. Eine eigenartige Mischung guter Gefühle und Gedanken vermittelte sie »ihren« Kindern in einer Zeit, da sowohl die Juden – durch einen Antisemitismus, der gerade in Österreich in besonders brutalen und ausgeprägten Formen zum Ausdruck kam – wie auch die Unabhängigkeit des Landes, in dem wir lebten, bedroht waren. Trude vermittelte uns ein Gefühl des Stolzes: Wir, als Juden – aber auch als Österreicher – brauchten uns in keiner Weise minderwertig zu fühlen; unser Handeln und Auftreten sollte nicht durch Angst und den Zwang, uns zu verstecken, motiviert sein, sondern durch Mut und Entschlossenheit, gegen Unrecht und Erniedrigungen zu kämpfen.

Im Jahr 1936 gab es in unserem Wohnzimmer »rauchende Köpfe«: um den runden Tisch in der Mitte des Zimmers, unter der Lampe, saßen meine Eltern oft zusammen mit einer Freundin unserer Familie, Helene Löw-Beer, damals eine junge Wissenschaftlerin auf den Gebieten der Heilpädagogik und der Psychologie, sowie mit einer großen, eleganten Frau namens Lotte Anninger.

Sie waren umhüllt von bläulichen Wolken aus Zigarettenrauch; für mich war dieser duftende Rauch aromatischer Zigaretten, der das Zimmer mit phantastischen, kräuselnden Gebilden erfüllte, seit frühester Kindheit mit einer Atmosphäre konzentrierter schöpferischer Arbeit verbunden, in der ich mich bis heute wohlfühle und die ich als anregend empfinde. In den Sonnenstrahlen, die durch die Fenster ins Zimmer drangen, tanzten winzige, glitzernde Staubteilchen, wie schwärmende Silbersternchen. Überall, auf dem Tisch, auf der mit blauem Samt überzogenen Couch an der Wand gegenüber den Fenstern, umgeben von Bücherregalen, und auch auf dem Fußboden lagen Haufen von Papier und Büchern. Meine Mutter klapperte auf der Schreibmaschine (Marke »Mercedes«, in den zwanziger Jahren in Berlin erstanden, in die Emigration nach Wien, später auch nach England mitgeführt und in ständiger Benutzung bis zum Tode meiner Mutter im Jahre 1981).

Damals entstand das Buch »Heilpädagogische Praxis« von meinem Vater und Helene Löw-Beer, mit Zeichnungen von Lotte Anninger. Meine Mutter tippte das Manuskript, besorgte die sprachliche Bearbeitung, Redaktion und Korrektur. Oft wurde bis in die späten Nachtstunden gearbeitet. Zuweilen brachte Helene ihren Freund und späteren Ehemann, Kusi Inoue, mit – einen ernsten, schweigsamen Japaner, von Beruf Historiker und Wirtschaftsjournalist. Mit Kusi verband mich eine große Freundschaft: Oft ging er, während bei uns im Wohnzimmer gearbeitet wurde, mit mir im Wienerwald oder auf der Donauwiese spazieren. Er erzählte mir von seiner japanischen Heimat, und ich konnte nie genug darüber erfahren. Er schilderte nicht nur, wie es dort aussah, er erzählte auch viele japanische Märchen und Legenden, sang mir mit fremdartiger, etwas harter, tiefer Stimme japanische Lieder vor, zeichnete im Sand mit einem Stöckchen zarte Bilder japanischer Landschaften, mit hohen Bergen, Trauerweiden und Nadelbäumen, Meereswellen, Pagoden und Fischerhütten. Kusi weckte in mir eine große Leidenschaft und Sehnsucht, die mich anspornte, alles, was ich nur über Japan an Büchern und Bildern finden konnte, zu verschlingen, bei jeder Gelegenheit japanische Musik zu hören, mich mit der japanischen Sprache zu beschäftigen sowie mit der Küche dieses Landes – und dann, später, nicht weniger als drei Jahrzehnte lang Geld zu sparen und mich Jahr um Jahr gegen fast unüberwindliche Schwierigkeiten zu bemühen, dieses Land zu besuchen; nicht als Mitglied einer offiziellen Gruppe mit viel Protokoll, wenig Bewegungsfreiheit und kaum Einblick in das tägliche Leben der Bevölkerung, auch nicht als oberflächlicher Tourist. Erst im Sommer 1979 – 43 Jahre nachdem ich Kusi Inoue als Kind kennenlernte – sollte sich dieser Traum erfüllen.

Der Sommer des Jahres 1936 war nicht nur heiß von der Sonnenglut; auch vom Feuer der Kriege, die in Spanien und in Abessinien tobten. Von diesen Kriegen wurde damals bei uns zu Hause viel gesprochen. Abgesehen davon, daß mein Vater oftmals, wenn er unser Kinderzimmer betrat, wo sich immer wieder wildes Gezänk zwischen meinem Bruder und mir abspielte, sagte, er käme sich vor wie in »Abessinien oder Spanien«, hat er uns auch in einfachen Worten erklärt, was sich in diesen Ländern abspielte, und uns mit leidenschaftlicher Parteinahme für die Abessinier in ihrem Widerstand gegen die italienischen Kolonialisten sowie für die spanischen Republikaner im Kampf gegen Francos Faschisten entzündet. Es war auch in jenen Tagen die einzige Zeit, da ich meinen Vater mit traurigem Gesicht umherlaufen gesehen habe, weil er – auf einem Ohr taub – für den Kampf gegen Franco in den Interbrigaden nicht als tauglich befunden wurde, worüber meine Mutter sich im Grunde ihres Herzens erleichtert fühlte.

Im Jahre 1936 war auch in Österreich der Religionsunterricht für alle Kinder obligatorisch geworden. Bis dahin hatte mein Vater darauf bestanden, daß wir »konfessionslos« erzogen werden sollten; er war der Ansicht, daß der Religionsunterricht Kinder, die noch keine selbständige Meinung zu philosophischen Fragen haben konnten, durch die Vermittlung von Dogmen davon abhielt, kritisches Denken zu erlernen, sie zur Unterwürfigkeit gegenüber der Obrigkeit erzog. Bei verschiedenen Anlässen habe ich gehört, wie er diese Ansicht in seiner etwas radikalen Art etwa so ausdrückte: »Meine Kinder sollen nicht verblödet werden, ehe sie selber das Denken gelernt haben!« Dazu muß prinzipiell gesagt werden, daß in Österreich die katholische Religion eng mit der herrschenden politischen Macht verbunden war; sie war die Anschauung der Besitzenden, Anstifterin und Ausführende von Maßnahmen gegen Gruppierungen und Einzelpersonen, die sich für mehr soziale Gerechtigkeit einsetzten, und schließlich auch weitgehend eine Stütze des Antisemitismus in Österreich.

Alle Eltern von Schulkindern erhielten ein offizielles Schreiben, in dem sie gesetzlich verpflichtet wurden, ihre Kinder am Religionsunterricht teilnehmen zu lassen. Die Mutter meines Vaters und beide Eltern meiner Mutter waren Juden; außerdem zählten die Juden zu einer diskriminierten Minderheit. Also kam für mich natürlich nur der jüdische Religionsunterricht in Frage. In der Volksschule beneidete ich zwar die anderen Kinder, die vom Herrn Katecheten, einem Mann mit Tonsur, schwarzem langem Rock und ölig-süßlicher Freundlichkeit, zuweilen so schöne »Heiligenbilderln« bekamen. Ich tauschte sogar manchmal das eine oder andere dieser Bildchen für Bonbons, Schokolade oder Murmeln ein. Bis mein Vater dahinterkam. Er erklärte mir, daß diese Bildchen zwar teilweise wirklich schön seien – berühmte Maler wie Leonardo da Vinci oder Rembrandt, mit deren Lebenswegen er uns in fesselnden Berichten vertraut gemacht und deren Werke er uns in den Museen gezeigt und erklärt hatte, hätten sie geschaffen –; viele aber wären schlecht gemalter, sentimentaler Kitsch. Außerdem erklärte er, daß viele Maler in ihren Gemälden biblische Themen verwendet hätten, weil jeder sie kannte und deren Aussage verstehen konnte. Die Bibel, sagte mein Vater, müsse man schon kennen, sie sei in schöner Sprache geschrieben und wegen ihrer vielfachen Beziehung zu den Künsten ein wichtiger Teil der Weltkultur. »Aber man darf sie nicht etwa wie ein Rezept verstehen, sondern eher nur symbolisch – als Märchen oder Legende. Der Herr Katechet aber stellt den Kindern die Bibel so dar, als wäre sie wörtlich zu nehmen. Sie sollen schön brav glauben und nicht nachdenken.« Dadurch würde der Religionsunterricht die Kinder verblöden.

Im Jahre 1936 kam ich ins Gymnasium der »Schwarzwaldschule«. Das war eine Privatschule, die vor allem von jüdischen Mädchen besucht wurde. Sie war um die Jahrhundertwende von der Wiener Pädagogin Eugenie Schwarzwald gegründet worden. In dieser Schule gab es eine Abteilung, die »Frauenoberschule« (FOS) genannt wurde, mit Unterricht in den Fächern Englisch, Französisch und Haushaltskunde neben den allgemeinbildenden Fächern. Außerdem gab es das »Realgymnasium« (»RG-Schule«, allgemein »die RG« genannt), mit Unterricht in den Fächern Latein und Griechisch anstatt Handarbeit und Haushaltskunde; beide führten zur Hochschulreife. Ich kam in die »RG«. Die Schule befand sich in der obersten Etage eines sehr großen Mietshauses in der Herrengasse im 1. Bezirk, bewohnt von Angehörigen der wohlhabenden oberen Mittelschicht.

Die kurze Zeit, die ich in dieser Schule verbrachte, war für mich sehr inhaltsreich und glücklich. Die Lehrerinnen – alle Hochschulabsolventinnen und qualifizierte Pädagoginnen – hatten von den Schülerinnen Spitznamen erhalten, die von einer Schwarzwald-Generation an die nächste weitergegeben wurden. Fast ein halbes Jahrhundert später bin ich einer ehemaligen Schwarzwaldschülerin in den USA und einer anderen in Wien begegnet, etwas älter als ich, doch die Lehrerinnen, die mich unterrichtet hatten, kannten beide noch mit ihren Spitznamen. Jede dieser Lehrerinnen, die mehrere Generationen von Schwarzwaldschülerinnen unterrichtet hatten, war eine in ihrer Art ausgeprägte Persönlichkeit, die von den Schülerinnen als unvergeßlicher Teil ihres Lebens empfunden wurde. Die gemeinsame Erinnerung schuf sofort Bindungen zwischen den ehemaligen Schwarzwaldschülerinnen, auch wenn die Schulzeit bereits in sehr ferner Vergangenheit lag. Da waren zum Beispiel die »Jo« und die »E« Weissel (im Zivilleben hießen diese Schwestern Josephine und Erika mit Vornamen), die erstere war Direktorin der Schule zu meiner Zeit, die andere unterrichtete das Fach Deutsch. Die »Jo«, eine hochgewachsene, elegante Erscheinung, weißhaarig, mit klugem Gesicht, strahlte so viel Würde aus, daß alles respektvoll beiseite sprang, wenn sie den Schulkorridor entlangschwebte. Wenn sie sprach, mußten alle ganz still sein, um sie zu hören, denn sie sprach absichtlich sehr leise; wenn sie zu uns sprach, war es immer feierlich und zu einem besonderen Anlaß; meistens im Zusammenhang mit irgendwelchen von uns begangenen »Untaten«.

Die »E«, ihre Schwester, hatte einen grauen Mop Haare auf einem ebenfalls charaktervollen, klugen, bebrillten Kopf, der wiederum auf einem dürren Hals aufsaß, welcher aus einem dürren Körper herausragte, mit hellen Augen, die alles sahen, was um sie herum geschah. Sie sprach betont deutlich und vermittelte uns Hochachtung und Interesse für die deutschen Dichter und Schriftsteller der Vergangenheit und Gegenwart, über die sie ein umfangreiches Wissen besaß. Ein weiteres Schwesternpaar, die »kleine Bambi« und die »große Bambi« (beide waren im offiziellen Umgang für uns »Frau Professor Bamberger«) unterrichtete uns in den Fächern Sport, Musik und Physik. »Die Erban« sehe ich noch vor mir, wie sie, mit ihrem blonden Wuschelkopf und fröhlichen blauen Augen, im weißen Kittel in der Klasse herumhuschte, immer in Bewegung; sie lehrte uns Naturgeschichte. Durch ihre lebendigen Erzählungen weckte sie unser Interesse nicht nur für ihren Unterricht, sondern auch an der selbständigen Suche nach mehr Wissen auf diesem Gebiet, und sie regte unsere Phantasie an, indem sie uns schriftlich und mündlich erzählen ließ, was wir über die verschiedenen Tiere, die im Unterricht behandelt wurden, herausbekommen hatten. Ich vergrub mich damals oft stundenlang in ›Brehms Tierleben‹ und stellte mir Löwen, Dingos, Geier, Nilpferde und Krokodile in freier Wildbahn vor, alles andere ringsum vergessend, und dann schrieb ich darüber ausführliche Geschichten.

»Die Peters« lehrte uns Latein. Sie brachte uns die ferne Vergangenheit des klassischen Altertums so nahe in die Gegenwart, daß sich unsere Klasse in »Griechen« und »Trojaner« teilte, die während der Pausen wilde Kämpfe austrugen. Einmal brach dabei sogar die Klassentür ein, und unsere Eltern mußten das Geld für eine neue Tür bezahlen, was so manch eine unerfreuliche häusliche Szene zur Folge hatte.

»Die Knopp« unterrichtete Mathematik. Ich haßte diese eiskalte Person, mit ihrem häßlich abstehenden, braunen gekräuselten Haar, den farblosen Augen hinter glitzernden Augengläsern ohne Fassung und einem Mund, der aussah wie ein Minuszeichen. Sie sprach völlig gefühllos, als käme ihre Stimme nicht aus einem Menschen, sondern aus einem Roboter. »Die Knopp« war übrigens nach dem 13. März 1938 die einzige Lehrerin, die mit »Heil Hitler« die Klasse betrat, nicht nur weil es Vorschrift war, sondern mit sichtlicher Genugtuung. Sie entpuppte sich als eiskalte Nazifanatikerin und Antisemitin.

Die einzigen männlichen Lehrkräfte, die uns unterrichteten, waren »Der Flusser« im Fach Geographie, ein herzensguter, aber cholerischer Mensch, der sich immer wieder von uns wütend machen ließ, wobei er uns bald duzte, bald siezte – worüber wir kicherten, was ihn wiederum in Rage brachte –, und »HERD« (Herr Dr. Taglicht) für den jüdischen Religionsunterricht.

Von diesen Lehrern und Lehrerinnen waren uns »die Peters«, die »Erban« und »HERD« am liebsten. Sie hatten Herzenswärme und Humor, und ihre Stunden waren stets interessant. Wir lernten bei ihnen mit Freude, Anteilnahme und ohne Mühe, während wir bei den anderen Lehrkräften mit unerschöpflicher Phantasie Streiche spielten, witzelten oder uns während des Unterrichts mit anderen Dingen beschäftigten, was uns bei unseren Lieblingslehrern nie eingefallen wäre. Aber gerade diese Lehrkräfte waren die ersten, die bald nach Beginn der Nazizeit verschwanden; sie wurden verhaftet, sie emigrierten, oder sie tauchten unter ...

In der Schwarzwaldschule schloß ich die ersten echten Freundschaften, die sich teilweise bis heute erhalten haben. So wie die alphabetische Liste der Namen meiner Mitschülerinnen in der Volksschule mir jetzt noch recht geläufig ist, erinnere ich mich an die Namen der 26 Schülerinnen meiner Klasse der »RG«, sehe zu jedem Namen ein Gesicht und höre eine Stimme. Besonders klar sind mir vor allem meine »Blutsschwestern« aus dem von uns gegründeten, geheimen »LGGE-Bund« gegenwärtig: Lia Rüber, Gitta Margulies, Garda Steiner und Gerda Messer. Lia, Garda und Gerda sind in den USA; Gitta bin ich später in England wiederbegegnet.

Am nächsten von allen stand mir Lia Rüber. Lange nachdem wir beide aus Wien fort waren, haben wir uns geschrieben, doch nach dem letzten Brief aus dem Jahre 1942 ist die Verbindung abgebrochen. In der Schulzeit waren wir ein Herz und eine Seele. Lia hatte ein schönes, etwas orientalisches Gesicht, mit frischen Farben, leuchtenden, braunen, oft nachdenklich blickenden großen Augen; ihr dunkles, gewelltes Haar mit Seitenscheitel über einer hohen Stirn fiel ihr weich ins Gesicht. Im karierten Kleid, mit breitem Gürtel, in Schnürstiefeln und Kniestrümpfen sehe ich sie vor mir. In der Wohnung ihrer Eltern in der Leopoldstadt (dieser 2. Stadtbezirk war das jüdische Viertel, während der Nazizeit das Ghetto von Wien) saß Lia oft an dem großen, schwarzen

Flügel, der den meisten Platz im einzigen Zimmer dieser dreiköpfigen Familie einnahm. Lia spielte damals, mit etwa zehn Jahren, bereits anspruchsvolle Stücke von Schubert, Mozart und Beethoven. Sie träumte davon, Pianistin zu werden. Ihr Vater war nicht gesund und, als wir uns anfreundeten, schon lange arbeitslos. Dennoch sparten Lias Eltern sich die Groschen vom Munde ab, um der begabten Tochter Klavierunterricht geben zu lassen. Lia und ich erzählten uns alle unsere »Geheimnisse« – Mädchen in diesem Alter haben ja immer viel zu tuscheln –, und später schrieben wir uns viele lange Briefe.

Eines schönen Tages wurde unsere Klasse »RG 1« in den Zoologischen Garten geführt. Der Wagen der Wiener Stadtbahn wimmelte vor lustig schnatternden Mädchen. Draußen brannte die Sonne – es war einer der letzten Schultage vor den großen Ferien. Nach der Besichtigung der Tiere setzten wir uns auf die Bänke oder ins Gras unter die Ahorn- und Kastanienbäume und packten die mitgebrachten Brote aus. Damals erfuhr ich zum erstenmal, daß Lias Vater arbeitslos war. Wir hatten unsere Brote gegessen und wanderten noch eine Weile umher bis zur Abfahrt. Wir sollten uns zu festgelegter Zeit am Ausgang wieder einfinden. Plötzlich sagte Lia: »Mein Vater ist Kommunist. Darum bekommt er keine Arbeit.«

Ich hatte Lia grob angefahren. »Du bist wohl blöd, mir so etwas zu erzählen? Wer sagt dir, daß ich nicht für die Hahnenschwänzler bin?!« Ich fühlte mich meiner Freundin in diesem Moment überlegen – nicht etwa aus Arroganz; ich empfand nur, daß ich sie warnen und schützen mußte vor Dingen, die mir bekannt waren, ihr aber offenbar nicht. Ich wußte, daß man über diese Dinge zu niemandem sprechen durfte:

»MEIN NAME IST HASE, ICH WEISS VON NICHTS!«

Damals erzählte ich Lia nur knapp, daß wir früher in Berlin gewohnt hatten, bis die Nazis an die Macht gekommen waren. In dem Augenblick hörten wir die Trillerpfeife der Lehrerin. Wir gingen vom Affenkäfig, zu dem wir geschlendert waren, zurück zu den anderen Kindern.

Wenige Tage danach habe ich Lia dann zum erstenmal zu Hause besucht. Selber gewöhnt an eine helle, geräumige Wohnung, war ich entsetzt über das lichtlose, muffige Loch, in dem diese lieben Menschen leben mußten. Eine kleine mollige Frau mit dunkelbraunem Haar, ebenso lebendigen braunen Augen und frischen Gesichtsfarben wie Lia öffnete die Tür mit der schweren Messingglocke, über der sich ein Schild mit der Aufschrift »Rüber« befand. Lias Mutter führte uns durch einen winzigen dunklen Flur in ein hohes düsteres Zimmer. Es war so vollgestopft, daß man sich kaum darin bewegen konnte: in der Mitte stand ein Tisch, umgeben von Stühlen; am Fenster der glänzende schwarze Flügel; an einer

Wand war ein Klappbett, an einer anderen Wand eine Liege. Überall Bücher – fast wie bei uns zu Hause. Neben diesem Zimmer befand sich eine große Wohnküche mit einer altmodischen Kochmaschine, einem Eßtisch und noch einem Klappbett. Im Zimmer, auf einem Sessel aus dunklem Holz mit einem abgenutzten roten Bezug, saß Lias Vater und las Zeitung. Er war sehr groß, breitschultrig und hatte kräftige, schwielige Hände. Mir schien, daß diese ganze Familie sich ähnlich sah. Auch der Vater hatte große, braune, blanke Augen und – allerdings schütteres – dunkles, gewelltes Haar. Er hatte ein frisches schalkhaftes Gesicht, wie seine kleine Frau. Außerdem hatte er ein lahmes Bein.

Lia bewirtete mich mit Kakao und selbstgebackenem Kuchen.

»Eigentlich müßtet ihr zwei doch Feinde und nicht Freunde sein«, bemerkte Lias Vater, blinzelte verschmitzt hinter seiner Tasse hervor und schob sich ein großes Stück Kuchen in den Mund.

»Wieso denn?!« riefen Lia und ich entrüstet.

»Na ja – ich habe gehört, ihr seid ›Agamemnon‹ und ›Achilles‹ in euren Kämpfen in der Klasse – und Agamemnon hat doch dem Achilles die Briseis weggeschnappt, soviel ich weiß!« Der Kommentar bezog sich auf unsere Kämpfe der »Trojaner und Griechen« in den Pausen; einige Tage zuvor hatten auch Lias Eltern jenen Brief erhalten, in dem sie aufgefordert worden waren, einen Anteil der Kosten zur Erneuerung der bei besagten Kämpfen ruinierten Tür des Klassenzimmers beizutragen. Auch in Lias Familie hatte es kürzlich eine Diskussion über dieses Thema gegeben, und Lia hatte wohl die Eltern über die »Rollenverteilung« bei diesem wilden Spiel aufgeklärt …

»Ach was … das ist doch nur so«, sagte Lia und fügte hinzu, daß ich ja eigentlich »Winnetou« wäre und sie, Lia, »Old Shatterhand«. Ich hatte mir, als Karl-May-Enthusiast, -Besitzer und -Verleiher der begehrten Bände diesen Namen erworben.

»Kannst du dich eigentlich noch an Berlin erinnern?« fragte Lias Mutter.

»Ja«, sagte ich und kaute an meinem Stück Kuchen.

»Ist dein Bruder in Berlin oder in Wien geboren?«

»In Berlin«, antwortete ich knapp. Ich wollte über dieses Thema nicht sprechen.

Dann spielte Lia Klavier, und ich spielte auf meiner Mundharmonika, die ich immer bei mir hatte. Lias Vater spielte auch sehr schön Klavier – trotz seiner schwieligen Hände.

Als ich wieder aus dem Haus trat – Lia begleitete mich noch zur Straßenbahn –, rempelte ein kleiner, dicker Junge Lia an und schrie: »Jud', Jud', spuck in'n Hut!«

»Christ, Christ, spuck in'n Mist!« gab Lia zurück und versetzte dem Jungen einen Schubs.

Mir wurde ganz flau vor Entsetzen.

Auch auf dem Engelsplatz hatte ich unter Kindern das Wort »Saujud'« gehört – aber auch »bläder Bähm'« hatten die Kinder die Jungen des böhmischen Schneiders Jarosch beschimpft –, doch mehr aus Gedankenlosigkeit als aus bewußter Bosheit. Das hier klang anders – bösartig und gemein, so wie bei den Hitlerjungen in Berlin, die die Jungpioniere »Kommunistenschweine« beschimpft und mir einen Hund auf den Hals gehetzt hatten. Mich packte die Wut, ich ging auf den Jungen los und gab ihm ein paar saftige Ohrfeigen. Er fing an zu schreien, und schon stürmte eine mächtige Frauensperson mit fliegendem Haar und rotem Gesicht – offenbar die Mama – auf die Straße.

»Da hamma's scho' wieder! Ihr dreckertes Judenpack, derschlog'n müßt' ma eich allesamt! Woat's nur bis der Hitler kummt, der wird's eich ge'm ...« brüllte sie.

»Aber er hat ja angefangen, er hat die Lia ›Jud‹ geschimpft!« schrie ich, »und Sie sind eine gemeine Nazifrau!« »Wooo0s???!!« Die Dicke holte zum Schlag aus, ich bückte mich schnell, sprang zur Seite, und die dicke Frau, vom Schwung der eigenen Kraft nach vorne gerissen, knallte auf das Hoftrottoir. Ein Auflauf entstand. Aus allen Richtungen kamen Schaulustige. Zuerst applaudierten einige der dicken Furie. Als sie aber hinfiel, siegte beim Publikum die Schadenfreude. Alle fingen an, laut zu lachen. Es wieherten Männer, Frauen und schrille Kinderstimmen, ihr Gelächter dröhnte durch das ganze Haus und wurde zu einem fast unmenschlichen Geheul.

Das Buch meines Vaters wurde im Jahre 1937 veröffentlicht. Kurz danach erhielt er eine Einladung nach London, von einem Hersteller und Verkäufer »erzieherischer Spielzeuge«. Die Firma Paul & Marjorie Abbatt war seit Jahren in der ganzen Welt bekannt. Im Geschäft »Abbatt Toys«, 99 Wimpole Street, London W.C.2, kauften nicht nur Eltern, die ihren Kindern schönes, instruktives Spielzeug schenken wollten, sondern auch Vertreter von Schulen, Kindergärten, Krankenhäusern und Rehabilitationszentren aus allen Teilen Englands und aus anderen Ländern. Paul Abbatt wollte die Ideen meines Vaters aufgreifen und Spielzeug herstellen und verkaufen, das er in dem Buch, veranschaulicht durch die Zeichnungen von Lotte Anninger, entdeckt hatte. Paul und Marjorie Abbatt waren aber nicht nur Geschäftsleute. Sie hatten ein tiefergehendes pädagogisches Interesse an ihrer Arbeit, und daher wollten sie Spielzeug herstellen und verbreiten, das zur Entwicklung einer konstruktiven, schöpferischen Haltung der Kinder beitragen sollte. Paul Abbatt hatte sein Berufsleben als Lehrer für Mathematik begonnen.

Obgleich sie eine Fabrik und ein Geschäft besaßen, waren Paul und Marjorie Abbatt jahrelang als Kommunisten politisch aktiv. Sie spendeten große Geldsummen für Solidaritätsaktionen zugunsten der Interbrigaden in Spanien; sie retteten zahlreichen Antifaschisten aus Nazideutschland, Österreich und der Tschechoslowakei nach der Nazibesetzung das Leben – darunter auch meiner Familie. Nach dem Krieg unterstützten sie fortschrittliche Organisationen wie die »Künstler für den Frieden«. Mein Vater schrieb begeisterte Briefe aus England, und natürlich erwuchs auch in mir der Wunsch, einmal über den Ärmelkanal zu fahren und in London auf dem Trafalgar Square die Tauben zu füttern; ein Wunsch, der sich schneller erfüllen sollte, als ich damals ahnen konnte – aber auf eine sehr unangenehme Art ...

Mein Interesse für England hatte mich in jener Zeit derartig gepackt, daß ich, als ich an einer Lungenentzündung erkrankt war, ständig phantasierte, ich würde nach England fahren. Lungenentzündung war damals, vor der Entdeckung der Sulfonamide und des Penizillins, noch eine sehr ernste Krankheit. Fast zwei Monate lang schwebte ich mit sehr hohem Fieber zwischen Leben und Tod, stöhnte Tag und Nacht vor Schmerzen und phantasierte. Einmal erschien mir das Bild eines Terriers mit mörderischen Augen, der auf der Lampe unseres Kinderzimmers kauerte; dann glaubte ich am Fußende meines Bettes meine dicke Klassenkameradin Vilma Janitschek zu erblicken, die mich beschimpfte, weil ich den jüdischen Religionsunterricht besuchte. Ich packte den Hocker neben meinem Bett und schleuderte ihn gegen den eisernen Ofen am Fußende meines Bettes. Dann wieder fuhr ich durch einen dunklen Tunnel mit der Grottenbahn aus dem Wiener Prater über den Kanal nach England. Die Lateinlehrerin, »die Peters«, winkte zum Abschied; ich mußte mich beeilen und gab meiner armen Mutter, die von der Krankenpflege völlig erschöpft war, nicht eher Ruhe, bis sie aus dem Bett gestiegen war und etwas aus dem offenen Fenster in die Nacht gerufen hatte, so daß ich meinte, nun wüßte Lia wenigstens, wohin ich gefahren war ... Als ich nach der Krankheit wieder aufstehen durfte, hatte ich, wie zuvor nach der Ruhr, das Gehen verlernt.

Der Frühling des Jahres 1938 hatte besonders zeitig und leuchtend Einzug gehalten. Schon Ende Februar gab es warme, sonnige Tage. An einem schönen Sonntag ging ich mit meinem Vater in den Wienerwald. Er führte mich auf steilen Pfaden und ging sehr schnell. Nach einer Weile war ich völlig erschöpft und wollte nach Hause, doch mein Vater wollte nichts davon wissen. »Das mußt du durchhalten«, sagte er. »Müdigkeit, Hunger und Durst muß man überwinden lernen … Wie würdest du sonst zurechtkommen, wenn du einmal allein, ohne Hilfe – vielleicht auch ohne Geld – dastündest? Weißt du, ich denke, man muß immer auf alles vorbereitet sein heutzutage – das Wichtigste ist, daß du nicht auf die Gnade anderer Leute angewiesen bist. Und, merk dir das: wer sich nicht selbst beherrscht, den beherrschen die anderen!«

Es war Montag, der 7. März 1938, ein Tag nach dem 41. Geburtstag meiner Mutter. Mein Vater war spät nach Hause gekommen, als wir schon längst im Bett lagen. Er erzählte, die verbotene »rote Gewerkschaft« habe in Floridsdorf eine Veranstaltung durchgeführt. »Zum ersten Mal habe ich dort das Wort ›Genosse‹ wieder laut ausgesprochen gehört … Es wurde gesagt, wir hätten heute alle nur einen Todfeind: Adolf Hitler, er stünde vor den Toren von Österreich, und wir müßten jetzt mit jedem zusammengehen, der bereit ist, den Nazis entgegenzutreten, sogar mit kleinen Tyrannen, mit Pfaffen und Privatunternehmern … Freiheit! haben sie gerufen … Es waren viele Hunderte … und dann wurde gesungen: Wir sind die Arbeiter von Wien.«

Dienstag, den 8. März 1938.

Lia und ich waren auf dem Heimweg von der Schule. Als wir aus der Herrengasse auf den Schottenring kamen, gerieten wir plötzlich in eine Masse drängelnder, schreiender Menschen und wurden vorwärts getrieben. Wir kamen nicht aus dem Gedränge heraus. Auf der Kärntnerstraße hörten wir dann ein schrecklich rohes, zackiges Gebrüll aus Hunderten von Kehlen: »Sieg Heil! Sieg Heil!«

Das waren doch Nazis!

Mir wurde eiskalt; Lia war auch starr vor Schrecken. Wir faßten uns um, drückten unsere Schulranzen an uns und versuchten verzweifelt, dem Menschenstrom zu entkommen. Das wilde Gedränge stieß und zog uns die Kärntnerstraße und dann die Rotenturmstraße entlang bis zum Donaukanal und weiter zur Leopoldstadt, doch bis zu Lias Wohnung kamen wir nicht durch. Endlich konnten wir aus dem Haufen ausbrechen und in eine stille Seitengasse flüchten. Dort trennten wir uns und gingen in verschiedene Richtungen, auf Umwegen, nach Hause. Meine Mutter war halb von Sinnen vor Angst und Sorge, als ich endlich an unserer Wohnungstür klingelte. Für den Rest der Woche ließ sie mich nicht mehr zur Schule gehen. Sie entschuldigte mich wegen »Grippe«.

Am Freitag, den 11. März, an einem herrlichen Frühlingstag, machten mein Bruder und ich uns fertig für einen Spaziergang mit Frau Slunsky, der Nachfolgerin von Frau Schmiedeck. Jene konnte nicht mehr zu uns kommen: ihr

Sohn Vicki war aus der Kontrolle geraten, und sie mußte sich mehr um ihn kümmern. Frau Slunsky, eine etwas abgehärmte, kleinere Person mit dünnem grauen Haar, grauen Augen hinter einer Brille mit Stahlgestell, einfühlsam und geschickt, war im Gegensatz zu Frau Schmiedeck still, doch war sie lebenserfahren und verständnisvoll. Meiner Mutter war sie eine ältere Freundin. Bis zu ihrem Tod, lange nach dem Krieg, hat meine Mutter mit ihr und danach mit ihrer Tochter Marianne die Freundschaft gehalten.

Die angebliche »Grippe« interessierte in jenen Tagen sowieso niemanden. Auf den Straßen herrschte Unruhe, stundenweise fuhr keine Straßenbahn, und schließlich fiel der Unterricht ganz aus. Blendend hell strahlte die Sonne am blauen Himmel, Vögel zwitscherten, milde Luft strömte durch das geöffnete Küchenfenster. Der Leopoldsberg war noch umhüllt von leichtem Morgennebel. Frau Slunsky steckte belegte Brote und Äpfel in ihren kleinen Korb, und wir zogen los. Als wir den Pater-Abel-Platz in Richtung Floridsdorfer Brücke überquerten, ertönte plötzlich ein unheilvolles Dröhnen. Wenige Sekunden später verdunkelten zahllose deutsche Flugzeuge in militärischer Formation den Himmel, als sie die hellen Häuser überflogen – wie ein Schwarm böser, gefährlicher Hornissen. Die Aggressivität Hitlers gegenüber Österreich hatte sich gerade in den vergangenen Tagen zu einem Höhepunkt gesteigert. Am 13. März sollte eine Volksabstimmung stattfinden über die Frage: »Ja« zu Schuschnigg oder »Nein« zu der österreichischen Regierung, für die Nazis. Dem damaligen österreichischen Präsidenten Miklas wurde von den Nazis ein Ultimatum gestellt: Entweder sollte Schuschnigg als Kanzler durch den faschistischen Seyss-Inquart mit einem Nazikabinett abgelöst und die Volksabstimmung am 13. März abgeblasen werden, oder Hitlers Truppen marschierten in Österreich ein. Als Zeichen dafür, daß die Drohung ernst gemeint war, wurden an der deutsch-österreichischen Grenze Nazitruppen konzentriert. Zackig im Chor brüllende Nazihorden zogen durch die Straßen von Wien und anderen österreichischen Städten – und nun verdunkelten Flugzeuge aus Nazideutschland drohend den blauen, österreichischen Frühlingshimmel. Voll Angst und Schrecken, den Ersten Weltkrieg noch in Erinnerung, steckten Frauen und Männer die Köpfe aus den Fenstern ihrer Wohnungen, blickten zornig zum Himmel, schüttelten drohend die Fäuste gegen die tieffliegenden Nazi-Hornissen, und aus allen Ecken des Hofes – der bis vor kurzem den Namen von Friedrich Engels getragen hatte – hörten wir entschlossene Rufe: »Nein – wir wollen keinen Krieg!«

Auf der Donauwiese angekommen, hatte ich jäh den leidenschaftlichen Drang, die Erde zu umarmen; ich warf mich auf das duftende Gras, rollte mich wie ein junger Hund auf der Erde umher, zusammen mit meinem Bruder, der wohl von mir »angesteckt« war; als ahnte ich das nahende Ende eines bedeutenden, sehr schönen Zeitabschnittes in meinem Leben und den baldigen Abschied. Ich genoß jenen Frühlingstag aus vollen Zügen, atmete die frische Luft ein und sog alles ganz tief in mich hinein: jeden Grashalm, jede Donauwelle, jedes Haus, jeden Brückenpfeiler und Brückenbogen, die große Uhr am gegenüberliegenden Donau-Ufer neben dem Kinderfreibad, den weiten Blick auf die »Nase« des Leopoldsberges, die steil zur Donau hinabfiel, und die Ebene bis nach Klosterneuburg am dunstigen Horizont. Nichts von all diesen lieben, vertrauten Dingen sollte jemals vergessen werden. Ich empfand mit ganzem Herzen in jenem Augenblick: »Das hier gehört zu mir ... wie lieb habe ich doch diese Erde ...«

Die Nazis waren an der Macht.

Alles, was sich ihnen in den Weg stellte, wurde vernichtet. Als »Aufputschmittel« und zum »Abreagieren« wurden, wie seinerzeit in Deutschland, dem wilden Pöbel Kommunisten und Juden zum »Fraß« vorgeworfen. Was sich in Deutschland abgespielt hatte, als die Nazis an die Macht gekommen waren, könnte man – so entsetzlich es auch war – fast als »milde« bezeichnen im Vergleich mit dem Blutrausch, an dem sich zahllose der »gemütlichen« Österreicher in jenen Tagen des Jahres 1938 beteiligten.

Es gibt neben der anmutigen und fröhlichen Seite dessen, was man als den »österreichischen Nationalcharakter« bezeichnen könnte, eine zweite Seite, die höchst abstoßend ist: Schadenfreude ist ihr Hauptmerkmal. Diese Eigenschaft ist immer wieder bei einem Teil dieses an und für sich musischen und weichherzigen Volkes zu beobachten, vor allem in der aufgeputschten Masse. Was sonst als Nebenerscheinung am Rande des österreichischen Lebens herumplätschert – in Gestalt von Tratscherei, schadenfrohem Gewitzel oder von Raunzen –, kann in der entfesselten Masse sehr schnell zu Denunziantentum übelster Art, brutalem Sadismus und zu bösartiger Aggression entarten. Eine »Hetz'«, eine »Gaudi« – besonders auf Kosten Schwächerer – war immer schon eine anziehende Freizeitbeschäftigung für die Massen in Österreich; die Nazis peitschten bewußt bei dem Mob alle primitiven Instinkte hoch. Alles, was eigentlich nach den Grundsätzen von Recht, Gesetz, Religion und der menschlichen Zivilisation nicht zulässig war, durfte sich nun plötzlich jeder erlauben – Kinder, Jugendliche und Alte, Männer und Frauen – vorausgesetzt, es richtete sich gegen Juden und Kommunisten. Johlende, entmenschte Pöbelhaufen weideten sich mit sadistisch verzerrten, brutalen Gesichtern am Anblick der

1938: »Der Jude ist unser größter Feind! Hütet euch vor Juden!« – Demütigung jüdischer Schüler in Wien vor der Klasse.

Wien 1938: Jüdisches Kind muß »Jud« an das Geschäft des Vaters schreiben.

Wien 1938: Ein Rabbiner wird gezwungen, jüdische Geschäfte zu kennzeichnen.

1938: »Reibepartie« in Erdberg, dem 3. Wiener Gemeindebezirk.

Vor dem Polizeikommissariat Margarethen im 5. Wiener Gemeindebezirk: Wiener Juden bemühen sich um Pässe zur Emigration.

Zerstörung und Plünderung jüdischer Geschäfte oder machten selber dabei mit; sie sahen mit Befriedigung zu, wie jüdische Frauen und Männer – darunter alte und kranke, die sich kaum bewegen konnten – von arroganten SA-Leuten aus ihren Wohnungen gezerrt und mit Lederpeitschen gezwungen wurden, die Werbelosungen für die zum 13. März geplante Volksabstimmung gegen die Nazis vom Straßenpflaster zu reiben. Mit bloßen Händen mußten sie Scheuerlappen in Kübel voll Salzsäure tauchen und damit auf den Knien das Straßenpflaster säubern, umgeben von einer Menge vertierter Sadisten, die sie verspotteten, anspuckten, mit Füßen traten und mit Schmutz bewarfen. Jüdische Ärzte wurden aus ihrer Praxis, Professoren aus der Universität, Musiker von ihren Instrumenten, Kranke aus den Betten gezerrt. Fromme Juden und Rabbiner im Kaftan wurden auf die Schlachthöfe getrieben und unter Schlägen gezwungen, Schweineblut von der Erde aufzulecken …

Kraß war der Übergang vom normalen Leben zu diesem unvorstellbaren Grauen. Die Nazis begannen zu wüten, kaum daß sie im Lande waren. In den Schulen wurden die Lehrer ab sofort gezwungen, beim Betreten und Verlassen der Klassen die Hand zum Hitlergruß zu erheben. »Judenkinder« mußten auf den hintersten Bänken sitzen. Da in der Schwarzwaldschule die Mehrzahl der Schülerinnen jüdisch war, saßen die drei einsamen »Arierinnen« in der vordersten Reihe unseres Klassenzimmers. Die nächste Reihe war leer, und alle übrigen saßen in den hintersten Reihen; wenn das nicht ein kleiner Teil einer ungeheuerlichen Tragödie gewesen wäre, hätte man über diese groteske Situation lachen können; doch in jenen Tagen war uns allen nicht zum Lachen zumute.

Als ich zuerst in den Religionsunterricht von »HERD« kam, konnten die anderen Mädchen alle schon recht gut Hebräisch lesen und schreiben. Mir war es peinlich und ärgerlich, in einem Unterrichtsfach weniger zu können als die anderen – und ich habe aus Trotz nie Hebräisch gelernt. An und für sich aber gefiel mir der Unterricht bei »HERD« – einem kleinen Männlein mit schütterem grauem Haar, einem fast weißen Spitzbärtchen und gütigen, weisen, hellen Augen hinter einer Brille mit Stahlgestell. »HERD« konnte die biblischen Geschichten aus dem Alten Testament mit so viel Phantasie und Leben wiedergeben und sie mit unserem täglichen Dasein verknüpfen, daß wir ihm mit atemloser Spannung zuhörten. Er verstand es auch, uns aus der Reserve zu locken, Fragen zu stellen und über Probleme unserer Umwelt zu diskutieren. Für ihn waren »Gott« und »Religion« bedeutungsgleich mit menschlichen Idealen und Verhaltensregeln – nicht durch Drohungen erzwungen, sondern durch Einsicht, Achtung vor sich selber und vor anderen Menschen verwirklicht. »HERD« predigte nicht; er überzeugte und forderte uns, im Denken und im Handeln. So wie in Trude Frankls »KWK« wurde bei »HERD« das Empfinden bestärkt, daß wir, als Angehörige eines Volkes mit großen Kulturtraditionen, aber auch mit einer Vergangenheit der Verfolgung und Unterdrückung, uns leistungsfähiger, stärker, mutiger und standhafter erweisen müßten als unsere Peiniger; vor allem ermutigte »HERD« uns, in jeder Lage fest zusammenzuhalten. Nur einmal habe ich ihn – der sonst immer lustig und humorvoll war – bitter ernst und wütend erlebt: als eine Schülerin eine andere verpetzen wollte.

»Wenn du mit deiner Mitschülerin nicht zufrieden bist«, sagte er zu dem Mädchen, »dann mach das mit ihr selber aus – oder bist du dazu zu feige oder zu dumm? Denk daran: als Kind eine Petze – als Erwachsener Duckmäuser und Denunziant. Pfui Teufel!«

»HERD« wischte sich den Schweiß von seiner hohen Stirn. In der Klasse herrschte betretenes Schweigen. Dann läutete die Glocke auf dem Korridor. Die Stunde war beendet. Es war das letzte Mal, daß ich »HERD« gesehen habe.

Unsere Gespräche vor und nach dem Unterricht und in den Pausen plätscherten nun nicht mehr unbekümmert und fröhlich dahin, wie noch kurz zuvor.

»Gestern nacht haben sie die Freudenbergs abgeholt ... Zum Glück sind sie zu uns noch nicht gekommen ...«

»Wo ist Gerda Messer? Krank?«

»Vielleicht schon abgereist, sie wollten doch nach Frankreich ...«

»Oder sie sind schon abgeholt worden ...«

»Wir fahren nach Amerika! Vati hat ein ›Affidavit‹ bekommen – aber sag's niemandem weiter!« »Affidavit« und »Permit« – die Einreiseerlaubnis nach den USA und England – waren Worte, die in diesen Gesprächen eine bedeutende Rolle spielten.

»Mit der Hedi Bobbrich darf niemand mehr reden – ihr Onkel ist ganz groß bei der SA ...«

Man sprach im Flüsterton und blickte sich ängstlich um, ob auch keine unerwünschten Zuhörer in der Nähe wären; keiner konzentrierte sich mehr auf den Unterricht, alle waren beunruhigt und nervös.

Als wir eines Abends um den Wohnzimmertisch versammelt beim Essen saßen, klingelte es beharrlich an unserer Wohnungstür. Draußen begann es zu dämmern. Das Licht war noch nicht eingeschaltet; nur das Katzenauge und das Leuchtblatt des Radioapparates, aus dem leise Musik erklang, glimmten matt grün im Halbdunkel des Zimmers. Ich lief zur Tür. Dort stand Liesl Endres' ältere Schwester Hedi, in Tränen aufgelöst und am ganzen Leibe zitternd. Sie stammelte vor Erregung, als sie meine Eltern warnte, sie sollten im Zimmer ja kein Licht machen. Bloß nicht zum Fenster gehen – die wollten auch meine Eltern holen zum Straßenreiben, sagte Hedi, weil mein Vater ein »Roter« wäre und die SA überall Juden und Kommunisten aus den Wohnungen holte. Als Hedi wieder fort war, standen wir alle voll Angst und Entsetzen im Dunkel und blickten, hinter den Vorhängen versteckt, mit Schaudern auf die Frauen und Männer unten auf der Straße, die dort, umgeben von einer Menge entfesselter Sadisten, unter Spott, Beleidigungen und Mißhandlungen auf den Knien scheuerten, stöhnten und weinten.

An jenem Abend blieben wir verschont.

Mein Vater verlor keine Zeit; er lief zu den Behörden, um die notwendigen Papiere zu beschaffen. Paul Abbatt hatte nach dem Einmarsch der Nazis in Österreich aus England für unsere Familie sehr schnell ein »Permit« für die Einreise nach England beschafft und an uns geschickt – eine Sendung von unsagbarem Wert. Alle Länder beschränkten die Einreiseerlaubnis für Emigranten auf ein Minimum. Mit jedem Tage war die Beschaffung eines »Permit« für England oder eines »Affidavit« für die USA mit stets noch mehr Rennerei, endlosem Warten bei den Behörden und steigenden Geldausgaben verbunden. Vielfach wurde das Organisieren der Ausreise von Emigranten zu einem großen Geschäft für skrupellose Menschenhändler, und man weiß heute von jenen Schiffen ohne Hafen, überfüllt mit Emigranten aus den von den Nazis besetzten Ländern, die niemand haben wollte.

Meine Mutter, Frau Slunsky, »Dr. Monkus« und Tante Jenny packten unsere gesamte Habe – vor allem die Bücher – in insgesamt 29 Kisten und etliche Koffer. Vieles wurde verbrannt. Bis tief in die Nacht hinein wurde geräumt und gepackt, ständig in Angst vor dem Klingeln und Klopfen der SA und SS. Unsere lieben Nachbarn, die Familie Weinberger – Vater, Mutter, Sohn und Tochter –, die später in Auschwitz ins Gas getrieben wurden, brachten uns warmes Essen, belegte Brote und heiße Getränke, sie halfen uns beim Zunageln der Kisten und beim Räumen.

In der Schule hatten sich die jüdischen Kinder gegen die arischen »privilegierten« zum Boykott verschworen; immer wieder wurden diese wenigen »Auserwählten« zu Kinovorführungen, Ausflügen und Veranstaltungen eingeladen, während wir weiter im Unterricht verbleiben mußten. Wir stöhnten über die vielen und langweiligen Aufgaben, die unsere Lehrer uns zu stellen verpflichtet waren. Nach der Schule ging ich mit Lia über die Augartenbrücke. Dort befand sich ein italienisches Eisgeschäft, wo ich im Sommer das Fahrgeld für die Wochenkarte der Straßenbahn zu vernaschen pflegte; ich stand lieber eine Stunde früher auf, um zu Fuß aus der Brigittenau zur Herrengasse in die

Schule zu gehen. Wir lutschten unsere Eiswaffeln und gingen in die Richtung von Lias Wohnung. Plötzlich kam ein Regenguß; wir bogen in eine Seitenstraße mit Reihen grauer Mietskasernen ein und stellten uns in einem Hauseingang unter. In meinem Ranzen fand ich noch zwei Wurstsemmeln und gab Lia eine davon; sie griff erfreut zu und wollte gerade abbeißen – doch der Bissen blieb ihr im Halse stecken …

Wir hörten einen gellenden Schrei, dann ein Krächzen und Röcheln. Wir traten an die Haustür – und erblickten durch ein vergittertes Kellerfenster rechts neben der großen Tür etwas unfaßbar Entsetzliches.

Durch das trübe Kellerfenster erkannte ich im fahlen Licht des Kellerraumes die Gestalten von drei Männern. Sie standen vor einer Wand, blutüberströmt, die Kleidungsstücke hingen zerfetzt um ihre Körper. Zwei kräftige, junge Burschen in SA-Uniform schlugen mit Fäusten und Stöcken auf sie ein – doch zwischen Stöhnen und Schmerzensschreien erkannte ich Bruchstücke der Worte und Melodie vom Lied der Wiener Arbeiter. Immer wieder schlugen und traten die SA-Männer ihre Opfer und brüllten sie an. Die Stimmen der Geschundenen wurden immer schwächer; dann konnte einer der drei nicht mehr stehen. Seine Kameraden, die sich selber kaum noch auf den Beinen halten konnten, versuchten ihn zu stützen, wurden dabei aber auch brutal zu Boden geschlagen. Wir waren vor Entsetzen wie gelähmt, wir konnten uns nicht wegreißen, bis Schritte von genagelten Stiefeln, Geschrei und knallende Türen im Hausflur uns jäh aus der Starre rissen. Zwei Männer in SA-Uniform zerrten einen alten Juden am Arm und an seinem weißen Bart auf die Straße und mißhandelten ihn mit Faustschlägen und Fußtritten.

Lia und ich rannten, so schnell wir konnten, davon. Erschöpft und schwitzend vor Angst und Grauen erreichten wir die Wohnung von Lias Eltern. Die Wohnungstür stand offen. Zögernd traten wir ein. Die Räume waren durchstöbert worden, Kleiderschränke und Schubfächer standen offen, zerfetzte Bücher und zerbrochenes Geschirr lagen auf dem Fußboden. Die Wohnung war still und leer.

Wir hielten uns an den Händen und brachten kein Wort heraus. Als hinter uns jemand durch die Tür kam, zuckten wir beide gleichzeitig zusammen. Es war Lias Onkel, der mit seiner Familie zwei Treppen höher im selben Haus wohnte.

»Schnell fort von hier, Kinder«, sagte er und legte seine Arme um unsere Schultern. »Deine Eltern haben die Nazis abgeholt … Wir waren gerade nicht daheim, sonst hätten's uns auch gleich mitgenommen«, fügte er hinzu. Nachdem Lia den ersten Schreck überwunden hatte, fing sie an zu weinen.

»Hab keine Bange, Mäderl, du kommst jetzt zu uns«, tröstete sie der Onkel.

»Lia ... Achilles ... so wein doch nicht ... bestimmt sind deine Eltern bald wieder zurück! Sie haben ja nicht einmal die Wohnung zugesperrt. Sicher nur so eine ... Razzia – oder wie man dazu sagt«, versuchte ich meine Freundin zu trösten, obwohl ich deutlich ahnte, daß Menschen, die von den Nazis abgeholt worden waren, lange nicht – wenn überhaupt – zurückkehrten. Eine Frau mit einem Kohleneimer schlüpfte schnell an uns vorbei und tat, als hätte sie uns nicht bemerkt.

Ich wollte schnell nach Hause. Lias Onkel, ein schmächtiger Mann, fast kahlköpfig, mit dünnem Stimmchen und traurigen dunklen Augen, wollte mich nicht gehen lassen. Es war schon spät geworden, doch ich wollte nach Hause; wer konnte wissen, was dort inzwischen passiert war. Lias Onkel sah erst nach, ob Uniformierte zu sehen waren, aber er kam gleich wieder und sagte, die Luft sei rein. Lia und ich umarmten uns. »Winnetou-Agamemnon« und »Achilles« verabschiedeten sich unter verhaltenen Tränen und schworen, ihre Freundschaft nie zu vergessen.

Seither habe ich Lia nicht mehr gesehen.

Ich weiß nicht mehr, wie ich an jenem Abend nach Hause kam; nur daß ich erleichtert aufatmete, als ich sah, daß unsere Wohnungstür nicht offenstand und, als ich klingelte, hinter »Tür 13« Stimmen zu hören waren. Meine arme Mutter, in der äußersten Anspannung und Angst der letzten Tage, überhäufte mich mit Vorwürfen, aber ich war so froh, sie zu sehen, daß es mir auch nichts ausgemacht hätte, ein paar Ohrfeigen einzustecken. Weinend fiel ich ihr um den Hals und erzählte ihr von all dem Schrecklichen, das ich an diesem Tage erlebt hatte. Nun fing auch meine Mutter an zu weinen. Zum Glück war gerade Frau Weinberger da, eine mütterliche, couragierte kleine Frau, die uns beide beruhigte. Mein Vater war noch nicht zu Hause. Alles war verpackt, unsere »Omas«, Frau Slunsky, Weinbergers und Liesls Familie hatten uns versichert, sie würden alle Kisten und das Gepäck verfrachten, wir sollten nur sehen, daß wir schnell wegkämen. Mein Vater hatte noch die letzten Stempel und Papiere beschafft. Er kam erst sehr spät nach Hause, blaß, erschöpft, wortkarg. Erst allmählich, als er die belegten Brote aß, die Frau Weinberger ihm reichte, erzählte er stockend seine Erlebnisse: Die Konsulate der Schweiz, Englands und Frankreichs waren überfüllt mit Menschen, die aus Österreich ausreisen wollten. Stundenlang hätte man überall warten müssen. Viele Menschen waren auf der Straße verhaftet worden, nachdem sie das Konsulat verlassen hatten. Mein Vater hatte Glück gehabt. »Es war alles ein großes Durcheinander«, sagte er.

»Insofern kann man von Glück reden, daß die deutsche Systematik noch nicht bis zu uns gelangt ist ...« Noch in derselben Nacht sind sie dann gekommen.

Poltern und laute Stimmen weckten mich aus tiefstem Schlaf.

»Da schau einer an! Das Kommunistenpack will also verreisen ...« hörte ich eine höhnische Stimme im Nebenzimmer. »Aber, wer kan' Paß hat, der muß halt z'aus bleiben, Freinderl, hast des g'wußt?«

»Wo is er denn, dein Paß, Saukerl?«

Und dann die Stimme meiner Mutter: »So eine Rotznase! Diesen Ton verbitte ich mir in meinem Hause!«

»Den Ton hier, den bestimm' iiii!« brüllte ein heiserer Baß, »und jetzt Schluß mit dem Theater! Mitkommen!«

Ein kurzes Wortgemenge; Schritte; Poltern; Schritte; dann klappte die Wohnungstür zu.

Stille.

Das alles ging sehr schnell; ich war verschlafen, und als ich zu mir kam und aus dem Bett sprang, war es schon geschehen.

Der Paß! Ich konnte mich noch genau erinnern, wie mein Vater einen großen Briefumschlag mit unseren Pässen und Papieren unter seine Aktentasche auf den Schreibtisch gelegt und gesagt hatte: »Hier liegen sie gut ... in dem Durcheinand' find' ma' ja nix mehr!« Ich lief ins Wohnzimmer, wo noch Licht brannte, stieß auf dem Weg durch das Zimmer zwischen dem Wohn- und dem Kinderzimmer im Dunkeln an eine Bücherkiste und schlug mir das Knie auf. Tatsächlich lag auf dem Schreibtisch die Aktentasche und darunter der Briefumschlag mit den Papieren. Inzwischen war auch mein Bruder aufgewacht und fing an zu weinen. Ich stand im Wohnzimmer und überlegte, was ich tun sollte; da fiel mein Blick auf die durchschnittene Telephonschnur. Ich mußte an die Nacht in Berlin, fünf Jahre zuvor, denken, als ich zum erstenmal eine Hausdurchsuchung durch die Nazis erlebt hatte ...

Seit einigen Monaten wohnte in unserem »Kabinett« eine Patientin meines Vaters. Im Jahre 1938 war sie etwa 15 Jahre alt. Sie stammte aus sehr reichem Hause. Zu meinem Vater war sie wegen einer schweren Neurose in Behandlung gekommen: sie konnte nur ganz wenig essen, und das Wenige lediglich in Form von Brei. Physische Ursachen hatte man nicht gefunden. Meine Mutter mußte für dieses Mädchen – sie hieß Nelly Kraus – immer extra Speisen zubereiten. Nelly, ein zartes Mädchen mit dunklem, glattem Haar und dunklen Augen, war für uns Kinder selten zu sehen. Sie blieb meistens in ihrem »Kabinett« und blickte mit zwinkernden Augen in die Welt, wie eine aufgescheuchte Nachteule. Interessant war sie für mich nur, weil sie ein Klavier besaß, das im »Kabinett« stand und auf dem ich spielen durfte, wenn sie bei ihrer Familie zu Besuch war.

Als mein Bruder in jener Nacht laut nach seiner Mama schrie, kam Nelly aus ihrem »Kabinett«. Sie fragte, was geschehen sei, kümmerte sich dann um meinen Bruder und sagte, ich könnte doch versuchen, meine Eltern im Polizeirevier in der Marchfeldstraße zu suchen; sie habe gehört, daß man dort Juden zum Transport sammelte – wohin, das wußte sie nicht. Wenn ich dort die Pässe zeigen würde, müßten sie meine Eltern doch gehen lassen.

Das schien mir logisch. Erstaunt, daß die menschenscheue, kranke Nelly plötzlich so ruhig und »erwachsen« schien, zog ich mir schnell einen Mantel über den Schlafanzug, schlüpfte in meine Schuhe und eilte mit den Papieren zur Polizei. Es war noch dunkel. Vor dem Polizeirevier sah ich eine große Menschenmenge: Männer und Frauen, viele mit einer Decke umgehängt, im Nachthemd oder Schlafanzug, mit wirrem Haar, ängstlich, aufgeregt, manche weinten, andere schrien, riefen die Namen ihrer Angehörigen, einige Frauen hatten kleine Kinder auf dem Arm. Es war recht kalt, und es regnete. Dann sah ich einige Lastwagen, überdeckt mit Planen, die wie unheilvolle, düstere Schatten in der Dunkelheit standen.

Ein Lichtstreifen erhellte die schreckliche Szene, als ein SS-Mann aus einer Tür trat. Hinter ihm bahnten sich noch einige Uniformierte den Weg durch die brodelnde Masse. Die Uniformierten brüllten und schlugen um sich, und ich sah, wie die Menschen auf die Lastwagen getrieben wurden. Mit Mühe drängelte ich mich bis zur Tür, die in einen vollgestopften, übelriechenden Raum führte – und dort entdeckte ich tatsächlich meine Eltern. Sie kauerten auf einer Bank an der Tür zu einem anderen Zimmer. Plötzlich riß ein SA-Mann die Tür auf und schlug einen alten Mann, der an der Türseite gegenüber der Bank stand, auf welcher meine Eltern noch einen Sitzplatz gefunden hatten. Der Mann schrie auf und bekam noch einen Schlag ins Gesicht. Ich sah das alles, konnte aber im Gedränge nicht näher an meine Eltern herankommen. Wieder sah ich, wie die Tür aufging, wieder wurde der alte Mann geschlagen. Dann, als die Tür ein weiteres Mal aufging und der SA-Mann zum Schlag ausholen wollte, sah ich, wie meine Mutter sich schützend vor den alten Mann stellte, dessen Gesicht blutete und der sich kaum mehr aufrechthalten konnte. Mein Vater wollte meiner Mutter helfen und stand ebenfalls auf. Meine Mutter stand vor dem alten Mann; ruhig, furchtlos, überlegen blickte sie den SA-Mann an; schon glaubte ich, er würde im nächsten Augenblick meiner Mutter ins Gesicht schlagen – aber er ließ den Arm sinken, blickte nur auf ein Blatt Papier, das er in der Hand hielt, stieß den Alten auf eine Seite, schubste meine Mutter auf die andere Seite der Tür, machte eine Handbewegung und schrie: »Bis dahin alles aufladen – die anderen hol' ma uns das nächste Mal …«

Da gelang es mir endlich, bis zu meinen Eltern durchzudringen. Wie durch ein Wunder waren wir noch einmal davongekommen.

Noch in der gleichen Nacht nahmen wir Abschied von Wien.

Vielleicht war es »jüdisches Glück«, daß meine Eltern auf dem Polizeirevier mit einem alten Mann die Stellung gewechselt hatten, um ihn vor Schlägen zu schützen, und dadurch auf jene Seite der Tür kamen, wo die Leute diesmal noch von einem Abtransport in ein Todeslager verschont geblieben waren.

Vielleicht war es auch »jüdisches Glück«, daß meine Mutter in Buchs-Feldkirch an der österreichisch-schweizerischen Grenze in unserem Eisenbahnabteil in dem Moment die Jalousie herunterzog, als plötzlich das Licht ausging, die Nazis den Zug durchsuchten und nicht bemerkten, daß in unserem Abteil noch Menschen waren. Die einzigen anderen Fahrgäste – vier junge jüdische Burschen, die als Musikanten getarnt flüchten wollten – wurden aus dem Zug gezerrt und niedergeknallt …

Am folgenden Tag kamen wir in Paris an. Dort übernachteten wir, alle völlig erschöpft, in einem Hotel, das den Vornamen meines Vaters trug: »Hotel Milan« hieß es (was natürlich zu deutsch »Mailand« bedeutete). Am folgenden Tage ging die Reise weiter, und wir segelten über den Ärmelkanal nach England. Ich saß auf Deck, im rot-goldenen Sonnenuntergang glitzerte das Meer in vielen Farben; ich schrieb einen langen Brief an Lia, in dem ich ihr alles erzählte, was seit unserer letzten Begegnung geschehen war. Diesen Brief schickte ich ihr allerdings schon nach Amerika: Als ich versucht hatte, Lia kurz vor unserer Abreise bei ihrem Onkel zu besuchen, war sie bereits fort. Einzelheiten habe ich nie erfahren, nur daß sowohl Lia als auch ihre Eltern mit einem Flüchtlingstransport nach Amerika gekommen waren. Ihr Onkel konnte mir die Anschrift einer Hilfsorganisation geben. Lia hat diesen Brief erhalten, denn ich bekam bald eine Antwort von ihr.

III

England 1938–1949

Und dann waren wir in England.

Ich weiß noch, daß ich ein eigenartiges Gefühl hatte; daß dort die Luft anders roch als in Wien und daß ich in eine neue Rolle geschlüpft war. »Winnetou« und »Agamemnon« waren zurückgeblieben, in einem Leben, das für immer der Vergangenheit angehören sollte. In der ersten Nacht im fremden Bett mit fremdem Duft, in einem fremden Zimmer, in das ein fremdartiges Licht ungewohnte Muster an die Wände malte, dachte ich an unser Kinderzimmer in Wien, an den Balkon, aus dessen geöffneter Tür ich nachts von meinem Bett aus die Marchfeldstraße sehen konnte und die Lichter auf der Floridsdorfer Brücke – immer ein warmes orangenes neben einem kalten blauen Licht. Aus einem mir unbekannten Grund mußte ich an das Bild der Fieberphantasie während meiner Lungenentzündung denken: Ich sah, halb im Traumzustand, meine Mitschülerin Vilma Janitschek auf dem eisernen Ofen am Fußende meines Bettes; den Hund, den meine Mutter von der Zimmerlampe fortjagen sollte, wo er kauerte und mich mit bösem Blick drohend anstarrte. Und ich befand mich wieder in jenem dunklen Kanal, über den ich nach England gefahren war, mit dem quälenden Gefühl, weggefahren zu sein, ohne mich von Lia verabschiedet zu haben … Ich erinnere mich ganz lebhaft daran, daß ich in jener ersten Nacht im neuen Leben gerade diese Fieberphantasien noch einmal erlebte …

Paul und Marjorie Abbatt bewohnten eine Zweizimmerwohnung, mit einem kleinen Garten, im Zentrum von London. Die Adresse war: 49, Tavistock Square, London W.C.2. Das Haus ist heute ein Hotel. Marjorie erinnert sich heute – im Alter von fast 90 Jahren – daran, wie ich auf dem spiegelglatten Parkettboden wie auf einer Eisbahn ins Zimmer geschlittert kam und wie mein Bruder und ich die englischen »Chipolata«-Würstchen, die sie eigens zu unserem Empfang vorbereitet hatte, die aber ganz anders schmeckten als Wiener Würstchen, nicht essen wollten.

Paul und Marjorie Abbatt gefielen mir sehr gut. Schnell entstand zwischen uns ein herzliches Verhältnis – während die Spannungen zwischen mir und meiner Mutter zunahmen. Ich konnte damals einfach nicht begreifen, wie schwer es meine Mutter hatte. Innerhalb von nur fünf Jahren hatte sie zweimal erlebt, wie die Nazis an die Macht gekommen waren und unser Leben zerstört hatten. Meine Eltern hatten sich in Berlin eine Existenz aufgebaut – da mußten sie alle Zelte abbrechen und in Wien von vorn anfangen. Kaum hatten sie in Wien Fuß gefaßt und eine Lebensgrundlage für die Familie geschaffen – da wiederholte sich die ganze Tragödie: Hausdurchsuchung, Angst und Schrecken, Flucht im letzten Augenblick. (Nach unserer Abreise aus Wien stellte sich heraus, daß nach dem Zug, mit dem wir Wien verlassen hatten, lange kein Personenverkehr mehr genehmigt wurde: Göring und andere Nazigrößen wurden in Wien erwartet.)

In England mußte meine Mutter noch einmal alles von vorn beginnen. Zu jener Zeit litt sie an schmerzhaftem Rheumatismus, der sie zeitweilig fast lähmte. Als wir erst kurze Zeit in England waren, glaubte ein wohlmeinender Zahnarzt, daß das Leiden beseitigt würde, wenn er meiner Mutter – einer noch jungen Frau – sämtliche Zähne zöge. Meine Mutter wäre dabei fast verblutet, aber der Rheumatismus hat sie noch viele Jahre danach gequält. Dies alles hatte ihre Nerven stark mitgenommen, und es ist nur zu verständlich, daß sie zuweilen nervös, gereizt und ungeduldig war.

Marjorie Abbatt hingegen, wohlhabend und glücklich, kinderlieb, doch kinderlos, konnte sich mir mit viel Geduld und Zuwendung widmen (zu meinem Bruder hatten die Abbatts nie eine so nahe Beziehung). Ich wurde von Paul und Marjorie verwöhnt. Ungerecht und hart, wie Kinder oft sein können, verglich ich Marjorie mit meiner Mutter in ihrem damaligen Zustand – ein Vergleich, der aus meiner damaligen Sicht sehr zuungunsten meiner Mutter ausfiel. Auch mein Vater war in jenen Tagen für mich eine angenehmere Gesellschaft als meine Mutter, die immer die ganze Last der praktischen Alltagsprobleme zu tragen hatte. Mein Vater war in vieler Hinsicht genial, aber im täglichen Leben zuweilen recht unbeholfen. Eines Tages band er sich eine Schürze um und fühlte sich fast als Held, weil er sich entschlossen hatte, ausnahmsweise einmal das Geschirr zu spülen. Als meine Mutter vom Einkaufen zurückkam, mußte sie mit Schrecken feststellen, daß in der Abwaschschüssel und drumherum lauter Glasscherben lagen. »Na ja«, rechtfertigte sich mein Vater, der etwas betreten in seiner Schürze mit dem Geschirrtuch in der Hand dastand, »schließlich ist doch der Zweck der Übung, daß das Geschirr desinfiziert wird …« Darum hatte er der Einfachheit halber alles mit kochendem Wasser übergossen …

Ich erinnere mich auch an einen englischen Besucher, den mein Vater in unserer Abwesenheit »bewirtet« hatte. Der Mann saß mit höflichem, süßsäuerlichem Gesicht vor einer Tasse mit einem dunkelfarbigen, dampfenden Getränk. Mein Vater hatte ihm aus einer Flasche, die nicht, wie er geglaubt hatte, Kaffeekonzentrat, sondern – Hustensaft enthielt, etwas eingeschenkt. Im Lauf der Jahre hatte er sich so daran gewöhnt, daß meine Mutter ihm alle praktischen Probleme aus dem Weg räumte, daß er diesen Dingen kaum Aufmerksamkeit widmete.

Auf die Dauer konnten wir nicht alle zusammen in der Wohnung von Abbatts hausen. Darum bezogen die Abbatts bis zum Herbst ihr kleines Landhaus, etwa eine Autostunde von London entfernt, in Ibstone bei High Wycombe. Uns überließen sie ihre Stadtwohnung. Meine Eltern bemühten sich inzwischen um Arbeit und eine ständige Bleibe. Mein Vater mußte auch Englisch lernen; meine Mutter beherrschte die Sprache seit ihrer Kindheit.

In der Nähe des Tavistock Square befand sich das »Woburn House« – ein Zentrum für Flüchtlingshilfe. Es kamen immer mehr Flüchtlinge nach England. Zuerst war es nur ein relativ dünner Zustrom, doch nach der Besetzung Österreichs und später, im Herbst 1938, als Chamberlain, der damalige englische Premierminister, den Münchener Vertrag mit Hitler abschloß und diesem die Tschechoslowakei in die Hände spielte, kamen Hunderte von jüdischen und politischen Flüchtlingen nach England. Bis 1938 waren es hauptsächlich sogenannte »Wirtschaftsemigranten«, »rassisch« verfolgte Menschen, die meistens nicht ganz mittellos waren, sowie einige sozialdemokratische und bürgerliche Politiker, Wissenschaftler, Künstler und andere Intellektuelle, und nur sehr wenige Kommunisten. Man schätzt, daß bis zum März 1938 rund 8.000 Flüchtlinge aus Deutschland nach Großbritannien gekommen waren. Am 10. Februar 1938 ratifizierte der Völkerbund eine Konvention, der zufolge entsprechend dem britischen Fremdengesetz aus dem Jahr 1905 »einem Emigranten, der nachweist, daß er die Aufnahme in dieses Land nur sucht, um Verfolgung oder Bestrafung aus religiösen oder politischen Gründen zu entgehen, oder für den die Verfolgung mit Lebens- und Gesundheitsgefährdung beziehungsweise Freiheitsentzug verbunden ist, die Einreise nicht verweigert werden soll wegen mangelnder Geldmittel oder der Wahrscheinlichkeit, daß der Asylsuchende dem Staat zur Last fallen würde«.

Dies änderte allerdings wenig an der Tatsache, daß auch nach der Besetzung Österreichs im März 1938 die Einwanderungsbeamten, die laut Fremdenverordnung aus dem Jahre 1920 die Ankommenden einer Befragung unterzogen, Mittellose und »politisch Verdächtige« – vor allem Kommunisten – zurückwiesen. Viele Menschen kamen dadurch tragisch ums Leben. Erst nach der Besetzung der Tschechoslowakei und nach der »Reichskristallnacht« wurde die

Einreise ein wenig erleichtert: weiterreisende Emigranten, Schüler und Personen über 60 Jahre wurden aufgenommen; damit waren Männer und Frauen im Alter zwischen 16 und 60 freilich praktisch ausgeklammert. Es ist bekannt, daß diese Bestimmung zahlreiche Personen aus dieser Altersgruppe, die durch die Nazis bedroht waren, in einen elenden Tod geschickt hat.

Bei Kriegsausbruch zählte man in Großbritannien 55.000 Emigranten aus Deutschland, Österreich und der Tschechoslowakei – 99 % davon jüdischen Glaubens. Dennoch legten die britischen Behörden größten Wert darauf, daß jeder Emigrant, dem die Einreise bewilligt wurde, Einzelpersonen oder Organisationen nachweisen konnte, die für ihn die Bürgschaft übernommen hatten; damit war die Gewähr gegeben, daß der Betreffende dem Staat nicht zur Last fallen würde.

Im Sommer 1940 wurde ein Komitee gegründet, das nach seinem Vorsitzenden, einem Herrn Lloyd-Graeme, benannt wurde, der im Jahre 1924 den Namen Cunliffe Lister angenommen hatte und 1929 als Lord Swinton geadelt worden war. Dieses Komitee sollte für die zunehmende Zahl der Einwanderer verantwortlich sein. Diese Zuständigkeit bedeutete jedoch keineswegs, daß Mittel zur Unterstützung der Einwanderer bereitgestellt wurden. Sie flossen vielmehr ausschließlich aus privaten Quellen, in erster Linie kamen sie von den Organisationen der Quaker, von jüdischen Hilfsorganisationen sowie von Privatpersonen, zum Beispiel von Menschen wie Paul und Marjorie Abbatt. Das »Swinton Committee« befaßte sich lediglich mit der »Eingliederung« der Emigranten in die britische Gesellschaft, natürlich zum besten Nutzen des Staates.

Die in materieller und politischer Hinsicht diskriminierende Einreisepolitik hatte zur Folge, daß der Anteil von Einwanderern aus Kreisen der Geschäftsleute, der künstlerischen und akademischen Intelligenz, der freien Berufe und der höheren Beamten sehr bedeutend war. Die Bestimmungen über die Erteilung von Arbeitsgenehmigungen sahen allerdings vor, daß Einwanderer nicht in erster Linie nach ihrer Befähigung, sondern vor allem nach den offenen Stellen auf dem Arbeitsmarkt beschäftigt werden sollten. In künstlerischen, wissenschaftlichen und anderen besser bezahlten Bereichen fand sich nur eine verschwindend kleine Anzahl offener Stellen, und bei dem großen Andrang auf eben diese Berufe (bei Rundfunk, Presse, im Verlagswesen, bei Einrichtungen der Forschung und Lehre zum Beispiel) gab es deshalb einen erbitterten Konkurrenzkampf unter den »refugees« (Emigranten). Wer in diesen Bereichen nicht unterkam, fand nur noch schlechtbezahlte Stellungen mit ungünstigen Arbeitsbedingungen: im Haushalt, in der Industrie und Landwirtschaft. Besonders für Schriftsteller, Schauspieler, Journalisten und Regisseure, die auf ihre Muttersprache angewiesen waren, bedeutete das eine Umstellung, die vielen von ihnen geistige und physische Schäden zufügte und eine beträchtliche Anzahl von ihnen in den Selbstmord trieb.

Was meine Familie betraf, so konnten wir nach einigen Monaten ein Haus beziehen, das die Anschrift 181, Goldhurst Terrace, Hampstead, London N.W.6 trug. Hampstead ist ein Bezirk von Nordlondon, in dem sich viele »refugees« niederließen – und teilweise bis heute noch dort leben. Es gibt dort – vielfach hügelige – Straßenzüge mit Einfamilienhäusern, umgeben von kleineren oder größeren Gärten und Bäumen, im Frühling umweht vom Duft vielfarbiger Blumen und blühender Sträucher; es gibt einen großen Park, die »Hampstead Heath«, mit weitläufigen, hügeligen Wiesen, auf denen wir oft im Sommer unsere Decken ausbreiteten und das Picknick aus den Körben holten und im Winter mit Schlitten oder auch auf Skiern die Hänge hinuntersausten. Von ihren Höhen breitete sich des Abends das bunte Lichtermeer der Stadt unter dem dunklen Himmel aus.

In unserer Goldhurst Terrace, Nummer 181, eröffnete meine Mutter einen Mittagstisch für Emigranten, wo diese ein preiswertes, schmackhaftes »kontinentales« Essen erhielten und außerdem über alle möglichen Probleme in deutscher Sprache mit ihresgleichen sprechen konnten. In den Beziehungen und Gesprächen dieser Menschen sowie auch in den Emigrantenkreisen, die ich im »Kulturbund«, 36, Upper Park Road, Hampstead, und danach in anderen Emigrantenzentren, zum Beispiel bei den Österreichern im »Austrian Centre« in der Westbourne Terrace in Paddington erlebte, spiegelten sich die Spannungen und Streitigkeiten wider, die sich aus dem unerfüllten, entwurzelten Dasein dieser Menschen ergaben. Ein Zentrum zur Unterstützung der Emigranten war, wie bereits erwähnt, das »Woburn House« in der Nähe der Londoner Wohnung der Abbatts in Tavistock Square. Dort hatten während unserer ersten Monate in England Sprachkurse für Emigranten stattgefunden. Um die Mittagszeit versammelten sich vor diesem Haus die »Schüler«, zu denen auch mein Vater und verschiedene Freunde meiner Familie zählten, lebhaft gestikulierend und sich laut unterhaltend, um sich dann wieder an unserem Mittagstisch in der Goldhurst Terrace zusammenzufinden.

Mein Vater hatte zeitlebens seine Schwierigkeiten mit der englischen Sprache. Obwohl er einen großen Wortschatz besaß, komplizierteste Texte gut verstand und in bestem Deutsch wiedergeben konnte, hatte er nie fließend und akzentfrei sprechen gelernt, bis zu seinem Tode im Jahre 1954, als er schon 16 Jahre in England gelebt und die britische Staatsbürgerschaft angenommen hatte.

Besonders in der ersten Zeit kam es dadurch zu Mißverständnissen. Als Paul Abbatt sich einmal in den Finger geschnitten hatte, sagte mein Vater voll Mitgefühl, scherzend: »Oh, Paul, – you are now a little bloody fool!« Paul wurde ganz weiß vor Empörung, blickte ernst drein und sagte vorwurfsvoll: »Aber Milan, ich bin doch dein Freund!!« (»bloody fool« ist ein kräftiges Schimpfwort). Mein Vater rief auch einmal Heiterkeit hervor, als er ein Geschäft betrat und fröhlich »good afterlunch« grüßte (statt »good afternoon«) ...

Paul Abbatt fand nach längeren Bemühungen Privatschulen, die meinen Bruder und mich sowie andere Emigrantenkinder ohne Schulgeld aufnahmen. So kam ich in die »Crohan Hurst School« in South Croydon, einem Vorort von London. Die Schule befand sich in zwei der villenartigen Häuser zu beiden Seiten einer stillen Seitenstraße, mit kleinen, gepflegten Vorgärten, einer Hecke am Zaun, vielleicht einigen Obstbäumen, die meistens schon im März in Blüte stehen, mit Primeln, leuchtend gelben Osterglocken, Flieder und Jasmin im Frühling, einem etwas größeren Garten hinter dem Haus, oft mit einem Tennisplatz (heute vielfach auch mit Schwimmbecken) sowie einem oder zwei Autos in der Garage neben dem Haus. Dort wohnen Familien aus der oberen Mittelschicht: höhere Regierungsbeamte, Besitzer von Warenhäusern, leitende Versicherungs- und Bankangestellte, Juristen, Ärzte, Pastoren und zahlreiche wohlhabende Rentner.

Über diese Schule will ich erzählen, nicht nur weil sie in meinem Leben eine sehr entscheidende Rolle gespielt hat, sondern weil sie einer Institution angehört, die das Wesen der englischen Gesellschaft seit Jahrhunderten maßgeblich beeinflußt hat. In Privatschulen dieser Art – bis zu Beginn unseres Jahrhunderts waren sie fast ausschließlich den Jungen vorbehalten – wurde ein wesentlicher Teil der herrschenden Gesellschaftsschicht erzogen. Der Besuch dieser Schulen war der Schlüssel zu den besten Universitäten – Oxford und Cambridge –, damals für nicht mehr als rund vier Prozent der britischen Schuljugend zugänglich; der erfolgreiche Abschluß an diesen Universitäten bot wiederum Zugang zu den besten Posten und Positionen, war Eintrittskarte zu den höchsten Gesellschaftskreisen.

Unsere Schule hatte, wie die Villen ringsherum, einen großen Garten mit Spielplatz und Tennisplätzen. Die Mädchen kamen aus den Familien, die in den umliegenden Häusern wohnten. Ihre Eltern lebten zum Teil auf dem Lande, manche waren Kolonialbeamte oder Geschäftsleute, die sich vorwiegend im Ausland befanden und die darum ihre Töchter in die Internatsschule geschickt hatten; andere Eltern hatten sich von der Ansicht leiten lassen, die

Gemeinschaftserziehung sei für ihre Kinder zuträglicher als ein Luxusleben zu Hause. In der Mehrzahl jedoch waren die Mädchen im Internat, weil die Familienverhältnisse schwierig waren oder weil sich die Eltern nicht um ihre Kinder kümmern konnten – oder wollten. Die Gebühren für die Privatschulen waren recht hoch, doch die damalige Direktorin, Miss Humphrey, eine stattliche, kultivierte, dabei aber sehr mütterliche Frau, mit taubengrauen Augen, das blonde, graumelierte Haar glatt nach hinten in einen Dutt gekämmt, nahm aus aufrichtiger, christlicher Gesinnung immer einige Schülerinnen gebührenfrei auf: so zum Beispiel mich und, zu meiner freudigen Überraschung, noch drei weitere Flüchtlingskinder aus Wien, die obendrein »Ehemalige« aus Trude Frankls »KWK« waren. »Wir halten fest und treu zusammen …«, hieß es doch im »KWK«-Lied; mit einem dieser drei Mädchen, sie hieß Susi Kalmus, habe ich bis heute die Freundschaft gehalten. Diese Mädchen kamen später als ich in die »Croham Hurst School« (sie wurde allgemein »CHS« genannt). Vor dem Krieg waren Ausländer in England noch nicht wie heute ein selbstverständlicher Bestandteil der Bevölkerung. Heute sind fast alle Busfahrer, sehr viele Kellner, Verkäufer, auch viele Schüler und Studenten Farbige oder Weiße, die nicht aus England stammen. Noch in meiner Studienzeit erzählte mir Katsina Ata, eine afrikanische Studentin aus Lagos, ein Beispiel dafür, wie die Engländer seinerzeit auf Ausländer, noch dazu Farbige, reagierten. Als sie an einem Sonntag in die Kirche gegangen war, hatte sie folgendes Erlebnis: Der Pfarrer predigte auf der Kanzel: »Alle Menschen sind gleich vor dem Herrn – wie die Schafe vor dem Hirten –, die schwarzen und die weißen …« In dem Moment hörte Katsina die Leute ringsum flüstern: »Sieh mal, da – eine Negerin!« Als sie aus der Kirche trat, umringten sie die Menschen. Einige gafften sie an wie ein seltenes Tier, andere fragten: »Sie … sind aus Afrika?« »Ja«, antwortete sie. »Was … essen denn die Leute in Afrika?« Katsina machte ein düsteres Gesicht, rollte dabei ihre großen dunklen Augen und sagte: »Wir fressen Menschen … und ich bin gerade sehr hungrig!« Worauf die Umstehenden offenbar beeindruckt zurückwichen …

Unserer Schuldirektorin, Miss Humphrey, habe ich viel zu verdanken. Die fünf Jahre, die ich in ihrer Schule verbringen konnte, haben mir sehr vieles gegeben, das mir im ganzen späteren Leben von Nutzen war. In dieser Schule hatte ich erneut die Erfahrung eines guten Kollektivs, in dem jedes Mitglied durch das tägliche Leben, mit den Pflichten und Regeln jedes menschlichen Zusammenlebens, die es zu respektieren galt, gefordert und geformt wurde. Miss Humphrey war Mitglied der »Society of Friends« (Gesellschaft der Freunde), auch »Quaker« genannt; sie gehen nicht in die Kirche, sondern zu ihrer

»Versammlung«, wo kein Pfarrer von der Kanzel predigt, sondern alle schweigend zusammensitzen, bis ein Mitglied der Gemeinschaft sich berufen fühlt, eine religiöse Aussage zu machen – etwas zu singen, vorzutragen oder Gedanken zu äußern. Die Bezeichnung »Quaker« geht darauf zurück, daß George Fox, der Begründer der Gesellschaft der Freunde, den im Jahre 1650 das Gericht der Stadt Derby wegen Gotteslästerung zu sechs Jahren Gefängnis verurteilt hatte, dem Richter sagte, er würde noch vor Gott erzittern wegen dieses Urteils (»you will quake before God«). Die Quaker brachen mit vielen religiösen Dogmen und Konventionen, sie lebten einfach, kleideten sich schlicht und lehnten Titel und Ehrungen ab. Sie weigern sich bis heute, an Krieg und Gewaltakten teilzunehmen. Sie wollen, daß die Menschen »Freunde« werden, einander mit Achtung und Toleranz begegnen. Sie glauben, daß jeder Mensch Gott auf seine ganz persönliche Weise ehren und dienen kann, und betrachten es als ihre Pflicht, Menschen in Not zu helfen. Lange waren sie der brutalsten Verfolgung ausgesetzt. Heute gibt es Quaker auf der ganzen Welt.

Wo ich auch hinkomme, kann ich gewiß sein, bei Quakern herzliche Aufnahme zu finden, wenn ich erzähle, daß ich in eine Quakerschule gegangen bin. Die Quaker haben seit ihrer Gründung vielfach ihr Leben riskiert, um zahllosen Menschen in Not zu helfen. Auch sehr vielen Flüchtlingen vor den Nazis haben Quaker das Leben gerettet.

Entsprechend ihren Überzeugungen als aufrichtiges Mitglied der »Gesellschaft der Freunde« stellte Miss Humphrey Lehrkräfte an, die nicht nur fachlich bestens qualifiziert waren, sondern auch in ihrer Lebenseinstellung und geistigen Haltung von Toleranz, Menschlichkeit und schöpferisch aufgeschlossenem Verständnis für die Ereignisse der Vergangenheit und Gegenwart geprägt waren. Jede einzelne unserer Lehrerinnen war eine beeindruckende Persönlichkeit. Das soll nicht heißen, daß sie alle makellose Idealmenschen gewesen wären. Viele von ihnen hatten Eigenarten, über die wir uns lustig machten oder die wir ablehnten. Miss Humphrey selber hatte zum Beispiel trotz ihrer Güte und Klugheit etwas Matronenhaftes, Biederes an sich, das viele von uns ablehnten. Ich konnte gouvernantenhaft erhobene Zeigefinger nie ausstehen – weder bei meiner Mutter noch bei anderen Menschen. Miss Humphrey, die bis zum Alter von etwa 40 Jahren unverheiratet und kinderlos war und deren Privatleben einzig und allein ihre Schule und eine alte Mutter ausfüllten, stellte an uns hohe Anforderungen, die besonders Mädchen im Pubertätsalter schwer anzuerziehen sind – wenngleich sie sich als nützlich und wichtig für unser späteres Leben erwiesen. Als 12jährige Schülerin fühlte ich mich eher als Indianer oder Zigeuner und lehnte mich dagegen auf, zu Respekt, guten

Manieren, Sauberkeit, Ordnung, Disziplin und Selbstbeherrschung angehalten zu werden. Ich empfand diese Dinge als lästig, überflüssig, ja als »Zwangsjacke«, und es war mir eine Genugtuung, wenn ich durch Zuwiderhandeln gegen all diese Gebote schockieren und provozieren konnte.

Ich lernte sehr schnell, mich in der englischen Sprache zu Hause zu fühlen; vor allem eignete ich mir in kürzester Zeit einen äußerst umfangreichen Wortschatz ordinärer Schimpfworte und Flüche an, die ich mit Vorliebe in meinen Sprachgebrauch einflocht. Die Wirkung blieb nicht aus. Eines Tages, beim Tennisspielen, verfehlte ich einen Ball und verlor ein entscheidendes Spiel im Satz. Ich stieß einen saftigen Fluch aus. Unsere Mathematiklehrerin, Miss Ross, kam gerade vorbei; sie hatte Aufsicht, hörte mich und sagte: »Was soll denn das?! Wir sind doch hier nicht in der Gosse! Geh sofort zu Miss Humphrey und melde dein ungehöriges Benehmen!«

Ich tat, wie mir befohlen, marschierte mit finsterem Gesicht vom Tennisplatz zum Schulgebäude und klopfte an die Tür zu Miss Humphreys Arbeitszimmer. Mit gesenktem Haupt murmelte ich: »Miss Ross hat mir gesagt, ich soll mich bei Ihnen melden – weil … na, weil ich geflucht habe.«

»Den Namen Gottes, mein Kind, darfst du nicht mißbrauchen«, sagte Miss Humphrey vorwurfsvoll.

Schweigen.

»Ich glaube, das zeugt davon, daß du keine richtige Seelsorge erhältst … welcher Religion gehörst du denn an?«

Zuerst wollte ich antworten: »Eigentlich keiner, aber in Wien bin ich bei ›HERD‹ in die jüdische Religion gegangen, weil doch unter Schuschnigg alle den Religionsunterricht besuchen mußten.« Das habe ich aber nicht gesagt.

Es ging alles blitzschnell: Plötzlich kam mir der Einfall; ich ließ mich auf die Knie nieder, machte die »gymnastischen Übungen«, die ich in Filmen über Mohammedaner in ihrer Moschee gesehen hatte, wandte mich dabei aber nicht gen Osten, sondern gen Westen – das Fenster des Zimmers blickte in die Richtung der untergehenden Sonne – und sagte: »Allah, Allah … Hadschihalefomarbenhadschiabulabbasibnhadschidawudalgossara … Ich bin nämlich mohammedanisch.«

Miss Humphrey war, wie gesagt, geprägt von Toleranz. Voll Ehrfurcht stand sie da und beobachtete meinen jähen Ausbruch »religiöser Gefühle« – wie sollte sie wissen, daß ich nur den etwas langen Namen eines Romanhelden von Karl May ausgesprochen hatte. »Hmm … na ja … dann geh jetzt, Kind, aber halte deine Zunge etwas im Zaum … Außerdem ist Fluchen sehr häßlich und unpassend, besonders für ein Mädchen …«

Ich ging aus dem Zimmer. Die Glocke läutete zum Abendbrot. »Blöde Kuh«, murmelte ich vor mich hin, teils verärgert über den Hinweis, Fluchen wäre »unpassend«, besonders für »Mädchen« (ich hatte nie Ambitionen, »mädchenhaft« oder gar »damenhaft« zu sein), teils amüsiert und triumphierend über die schockierende Wirkung meines brillanten Einfalls ...

Das hatte noch ein Nachspiel. In den bald danach beginnenden Schulferien erhielt mein Vater von Miss Humphrey einen Brief. Mein Vater saß im sonnigen Arbeitszimmer unserer neuen Wohnung. Er las den Brief mit großem Ernst und hochgezogenen Augenbrauen. Dann sah er mich fragend an: »Sag einmal, wie kommt deine Miss Humphrey darauf, daß du ... ausgerechnet einen Mullah brauchst?!«

Ich schwieg.

»... trotz größter Bemühungen war es mir leider bis jetzt unmöglich, in London einen Mullah für die offenbar sehr nötige Seelsorge für Ihre Tochter aufzutreiben ...« las mein Vater. Ich berichtete kurz den Vorgang, der diesen Brief offenbar motiviert hatte, worauf mein Vater in schallendes Gelächter ausbrach. Er konnte sich lange nicht beruhigen und fing immer von neuem an zu lachen. »Ich bin mir nur noch nicht im klaren, was ich der guten Frau auf ihren Brief antworten soll«, sagte er schließlich. Er hat dann aber wohl eine Formulierung gefunden, die akzeptiert wurde.

Da ich nicht am christlichen Religionsunterricht teilnahm, mit der Mathematik aber während der ersten Zeit im CHS auf Kriegsfuß stand, erhielt ich die Auflage, Nachhilfestunden bei Miss Ross über mich ergehen zu lassen, während meine Mitschülerinnen Religionsunterricht hatten. »Ross« ist ein alter schottischer Name und hat in seiner englischen Form keinerlei Beziehung zu dem, was dieses Wort im Deutschen bedeutet. In mancher Hinsicht erinnerte das Äußere dieser Lehrerin allerdings an ein kräftiges Schlachtroß; vor allem ihre Gangart. Groß, breit, kräftig, mit rötlichem, drahtigem Haar und Ponyfrisur, die stahlblauen Augen fast bedeckt von Haarfransen, hatte Miss Ross eine Nase, an der, wie ich immer meinte, ich gut meinen Mantel hätte aufhängen können. Ihre ganze Erscheinung erinnerte an die geometrische Figur eines gleichschenkligen Dreiecks, das von oben nach unten immer breiter wird. Sie trabte schwer, den Körper wiegend, durch die Gegend und sprach mit einer tiefen männlichen Stimme. Wir hatten Respekt vor ihr, nicht nur weil sie uns anfauchte, wenn wir mucksten, sondern auch weil sie uns mitleidlos forderte; und wir empfanden, daß sie bei alledem gerecht, klug und gütig war. Das wurde mir besonders deutlich bei meinem Nachhilfeunterricht.

Bei der »Knopp« in Wien war ich schon fast der Meinung, ich wäre im Fach Mathematik schwachsinnig und unfähig, es jemals zu bewältigen. Als ich zum erstenmal mit Miss Ross im leeren Klassenzimmer saß, während aus dem Nebenraum durch die geöffneten Türen (es war ein ungewöhnlich heißer Tag) die Stimme von Miss Humphrey zu hören war, die aus dem Johannesevangelium vorlas, rauschten zu Beginn die Worte von Miss Ross an meinen Ohren vorbei. Interesselos und voller Widerwillen saß ich da, entschlossen, das unvermeidliche Übel hinzunehmen und dann schnell auf den Tennisplatz zu eilen, als plötzlich die rauhe Männerstimme in mein Bewußtsein drang. »Wenn du glaubst, ich sitze hier zum Vergnügen, hast du dich gründlich geirrt, verstanden? Du löst jetzt die Aufgabe. Wenn du nicht aufgepaßt hast, ist es dein Schaden – du machst eben so lange, bis du sie herausbekommen hast!« Sie erklärte noch einmal kurz das Prinzip, nach dem die Aufgabe zu lösen war: Miss Ross erklärte alles so klar und einfach, daß die ganze Sache wie ein Kinderspiel erschien.

Das Einmaleins konnte ich im Schlaf; dafür hatte meine Mutter schon in Wien gesorgt. Stundenlang hatte sie mich abgehört, bis ich es beherrschte. Die ganze komplizierte Mathematik schien mir auf einmal aus nichts weiter zu bestehen als aus den vier Grundrechenarten. Die verwirrenden Texte der Aufgaben brauchte man nur, wie Miss Ross sagte, »abzupellen« und auf die Frage zu reduzieren, welche Rechenart für jeden Teil des Problems verlangt wurde. Ich grinste von Ohr zu Ohr – und löste die Aufgabe in wenigen Minuten richtig. »Für Dummköpfe habe ich keine Zeit«, sagte Miss Ross trocken, »aber du bist kein Idiot, du brauchst dich nur etwas anzustrengen. Benutze deinen Grips. Das ist alles. So. Das hier stimmt genau. Ich werde dich jetzt schwitzen lassen, bis zum Gehtnichtmehr, das Zeug dazu hast du ja ...« Von jenem Tage an hatte ich, wie durch ein Wunder, mit der Mathematik keine besonderen Schwierigkeiten mehr. Sie fing sogar an, mir Spaß zu machen.

Als ich keinen Nachhilfeunterricht mehr brauchte, wurde ich zum Abtrocknen in die Küche abkommandiert, während die anderen Mädchen Religionsunterricht hatten; was die Seelsorge betrifft, sollte die Wirkung dieser Beschäftigung wohl ähnlich sein.

Natürlich hatten wir alle unsere Lieblingslehrerinnen. Für mich war es Miss Pantcheva, die Lateinlehrerin, wie auch in Wien die Lateinlehrerin meine Lieblingslehrerin gewesen war. Miss Pantcheva war jung, kaum zehn Jahre älter als wir. Frisch von der Ausbildung in Cambridge war sie an diese Schule gekommen. Für die ganze Klasse war sie wie eine Freundin. Sie verstand nicht nur, uns auf lebendige, interessante Art die lateinische Grammatik beizubringen. Sie zauberte auch farbige, bewegte, mit Leben erfüllte Bilder aus den Zeiten der alten Griechen und Römer in unsere Phantasie, sie weckte in uns Interesse an den alten griechischen und römischen Sagen und Dramen. Sie sprach, wie »die Peters« in Wien, über den Inhalt der Werke von Homer, Euripides und Aristoteles mit uns in einer Art, daß wir die Verhaltensweisen der handelnden Personen auf unser eigenes Dasein bezogen und das Geschehen zu einem Teil unserer eigenen Erlebniswelt machten. Miss Pantcheva hatte einen stillen, schelmischen Humor. Sie schimpfte nie mit uns, sie hatte eine witzelnde, stichelnde Art, uns bei entsprechenden Anlässen zurechtzuweisen, die besser wirkte als jede Rüge. Miss Pantcheva konnte auch gut zuhören, und wenn eine von uns Sorgen hatte, gingen wir vor allem zu ihr, um unser Herz auszuschütten: sie wußte Rat in jeder Lage. Selbst wenn sie uns kritisierte, gingen wir nicht bedrückt, sondern eher bestärkt, mit erhobenem Haupt von ihr. Sie erklärte nämlich immer, wie es zu Fehlern oder Schwierigkeiten gekommen war, so daß sonnenklar wurde, wie derartige Dinge in Zukunft vermieden werden könnten. Einmal spielten wir Mädchen ein Spiel, in dem jede unserer Lehrerinnen mit drei Eigenschaften zu charakterisieren war. Miss Pantcheva erhielt folgende Attribute: »Hell, aufgeschlossen und fröhlich«.

An vielen Abenden versammelten wir uns um den großen, braunen Flügel in der Aula zu einem »Sing-Song«: Miss Pantcheva saß am Klavier, und wir sangen bekannte Volkslieder. Sie selber sang aus voller Kehle mit. – Wir hatten zwei Musiklehrerinnen: Miss Hyley, eine vornehme, silberhaarige, kleine Person mit sehr vergeistigtem Gesicht, die ein- oder zweimal pro Woche in die Schule kam, um fortgeschrittene Schülerinnen im Klavierspielen zu unterrichten und beim Unterricht im Ausdruckstanz die Musikbegleitung zu spielen. Ich beobachtete Miss Hyley immer nur mit Hochachtung von weitem mit ihren fortgeschrittenen Schülerinnen. Miss Inglis, die andere Musiklehrerin, die im Internat mit uns wohnte und uns im Fach Gesang unterrichtete, gehörte sozusagen zu meinem Schulalltag – für uns im Internat war dieser Schulalltag im Verlauf mehrerer bedeutender Jahre unserer Jugend eine Art Erweiterung unseres Familienlebens. An Miss Inglis denke ich mit Dankbarkeit, weil sie mir viel geholfen hat. Klein, mit etwas zu großem Kopf und grauem Haar, das sie zu einer Frisur trug, die an eine Perücke aus der Mozartzeit erinnerte, hatte sie wohl ihren Vornamen Hazel wegen ihrer gütigen, haselnußfarbigen Augen erhalten. Vom Rheumatismus verkrüppelt, hatte sie eine hoffnungsvolle Karriere als Pianistin aufgeben müssen. Ihre ganze Erscheinung erinnerte an Kupferstiche von Komponisten aus dem 18. Jahrhundert.

Es gab in unserer Schule mehrere Klaviere; zahlreiche Schülerinnen hatten Klavierunterricht, und es wurde darauf geachtet, daß sie regelmäßig übten. Ich hörte oft mit Ehrfurcht zu, wenn sie ihre Stücke spielten; diejenigen, die mir besonders gefielen, spielte ich nach dem Gehör, sobald ich ein freies Klavier finden konnte. Eines dieser Stücke – ein Wiegenlied von Balakirew –, das vor allem auf den schwarzen Tasten zu spielen ist, gefiel mir ganz besonders gut. Als die Schülerin, die es gerade lernte, ihre Klavierstunde hatte, versteckte ich mich einmal hinter dem Klavier, sah dem Mädchen auf die Finger und paßte genau auf, was Miss Inglis ihr erklärte. Plötzlich wurde diese stutzig: sie entdeckte meinen Schuh, den dazugehörigen Fuß und dann mich hinter dem Klavier. Mir war das äußerst peinlich, und ich fühlte, wie ich einen roten Kopf bekam. »Warum hockst du hinter dem Klavier?« fragte Miss Inglis freundlich. »Wenn es dir gefällt, kannst du dich auf einen Stuhl setzen und zuhören.« Nach der Stunde fragte sie, ob ich auch etwas spielen könnte, und ich trug das Stück von Balakirew vor – in aller Unbescheidenheit gesagt, besser als jene Schülerin, für die das Klavierspielen nur ein lästiges »Muß« war, weil ihre Eltern dafür bezahlten. Von da an bekam ich von Miss Inglis kostenlos Klavierunterricht.

Mit größter Spannung hörten wir zu, wenn Miss Balcombe – unter uns nannten wir sie nach ihren Initialen, »W.B.« – uns im Geschichtsunterricht über die Ereignisse und Personen der Weltgeschichte erzählte; immer in einer Art, daß unsere Sympathie nachdrücklich auf die Seite der Gerechtigkeit, Demokratie und Toleranz gelenkt wurde und in uns Haß und Verachtung gegenüber Tyrannen, Unterdrückung, Unrecht und Gewalt entstanden. »W.B.« erzog uns dazu, über Ereignisse und Situationen unser eigenes Urteil zu bilden, über Fragen zu diskutieren und Stellung zu nehmen, unsere Meinung konsequent zu vertreten und zu begründen, auch wenn sie nicht mit der Meinung der Mehrheit übereinstimmte. Im Erdkundeunterricht erweckte »W.B.« in uns das Interesse an anderen Ländern und Völkern und die Achtung ihrer andersgearteten Sitten und Bräuche. Damals schon nicht mehr jung, mit weißem Haar und blauen Augen, war sie ihr ganzes Leben lang mit der Schule verbunden. Bis zu ihrem Tod im Alter von 97 Jahren hat sie die Schulzeitung geleitet. Sie kannte die Namen fast sämtlicher Schülerinnen, die sie im Lauf von mehr als einem halben Jahrhundert unterrichtet hatte, verfolgte ihren weiteren Lebensweg, korrespondierte mit ihnen und wurde bis zuletzt immer wieder von Schülerinnen besucht, die aus aller Welt zu ihr kamen.

»W.B.« war es auch, die unsere regelmäßigen »Schulparlamente« organisierte und leitete. Bei diesen Veranstaltungen hatten wir die verschiedenen politischen Parteien zu vertreten, die es im britischen Parlament gab. Auf diese Weise lernten wir frei sprechen, schlagfertig und logisch zu argumentieren und unsere Argumente zu begründen. Wir mußten den Standpunkt der Partei, die wir vertraten, vor der »Öffentlichkeit« darlegen und verteidigen. Ich vertrat damals die »Kommunistische Partei«. Mein Vater nahm diese Sache sehr ernst: Er versorgte mich mit Material und Hinweisen über »Strategie und Taktik« bei der Vorbereitung auf meine Rede im »Parlament«. Ich lernte mit größtem Eifer und viel mehr Gründlichkeit als für die Schulprüfungen. Nach dem Rat meines Vaters meldete ich mich bei der »Parlamentsdebatte« erst zu Wort, nachdem alle anderen gesprochen hatten; ich notierte mir die Widersprüche und unlogischen Argumente, hatte unvergleichlich mehr Tatsachenmaterial darzubieten und erntete ungewöhnlich großen Erfolg. »Wenn ich nicht wüßte, daß der Kommunismus in Wirklichkeit ganz anders aussieht als in der Theorie, dann würde ich jetzt kommunistisch wählen«, sagten verschiedene Lehrerinnen danach. Der Erfolg stieg mir zu Kopf. Ich gründete eine »Partei« – und trieb allerhand Unfug …

Durch ihren phantasievollen Geographieunterricht regte »W.B.« uns an, über die großen Naturforscher zu lesen, die im Polareis, in Wüsten und Urwäldern die Geheimnisse der Natur erkundet hatten. Sie nannte die Einwohner entfernter Gebiete niemals »Wilde« oder »Eingeborene«, sondern erweckte unsere Achtung für diese Menschen, die im ständigen Kampf um das Überleben in einer unwirtlichen Natur und im zähen Widerstand gegen machtgierige Mitmenschen große Kraft , Geschicklichkeit und Mut entwickelt hatten. So hatte jede unserer Lehrerinnen unserem Lebensweg ihren Stempel aufgedrückt, jede hatte uns etwas mitgegeben auf die Reise in das Labyrinth des Erwachsenendaseins, etwas, das uns geholfen hat, reißende Ströme zu überqueren und an Kreuzungen den richtigen Weg zu wählen …

Täglich gingen wir spazieren durch Wiesen und Felder, spielten Tennis und Lacrosse – ein kanadisches Spiel mit ähnlichen Spielregeln wie Hockey, nur daß dabei ein kleiner Ball aus Hartgummi mit einem Netz aus Lederriemen, an einem längeren Griff befestigt, geworfen und gefangen wird. Am Ende jedes Trimesters führten wir Tänze und Theaterstücke auf, die zu proben uns viel Freude und Spaß bereitete.

Vor und nach jeder Mahlzeit sprach Miss Humphrey ein Tischgebet. Die Wochentage wurden durch einen kurzen Gottesdienst in der Aula eingeleitet, bei dem eine Schülerin den Gesang auf dem Klavier begleitete. Diese Kirchenlieder sind übrigens sehr melodisch und in England so beliebt, daß sie zum Volksliedgut gezählt werden können; sie werden zu vielen Anlässen gesungen, durchaus nicht nur im Rahmen von Gottesdiensten. Diese Gepflogenheit bedeutet eine Art »Wertverschiebung« im Vergleich mit den Sitten auf dem Kontinent, ähnlich wie im Falle der englischen »Pubs«, die zwar auch, wie in anderen europäischen Ländern, Kneipen sind, aber vor allem auch wichtige Treffpunkte für Freunde und Familien, Clubs und Interessengemeinschaften. Am Sonntagmorgen gingen alle entweder in die Kirche oder in die Quakerversammlung. Ich vergrub mich während dieser Zeit in ein Buch oder suchte mir ein Klavier, auf dem ich ungestört spielen konnte. Am Sonntagnachmittag fand regelmäßig eine Veranstaltung statt: »Sunday Music« (Sonntagsmusik). Wir hatten eine umfangreiche Sammlung von Schallplatten mit klassischer Musik. An jedem Sonntag waren die Schülerinnen eines anderen Schlafraumes an der Reihe, die Musik für die Sonntagskonzerte auszuwählen. Wir saßen bei diesen Veranstaltungen im Kreis um den Plattenspieler, nähten, strickten, häkelten und stickten und hörten dabei schöne Musik. Am Sonntagabend nach dem Abendbrot versammelten wir uns um Miss Humphrey, die uns aus guten Büchern vorlas. So verging die Zeit – einige Monate lang.

Es kam der Sommer 1939, ein heißer, sonniger Sommer. Es kommt mir so vor, als ob die Sommer vergangener Jahrzehnte viel beständigeres Sommerwetter, die Winter viel beständigeres Winterwetter gehabt hätten – in Deutschland, in Österreich und sogar auch in England, wo es im Sommer mehr regnet und im Winter weniger schneit als in Mitteleuropa. Alle unsere Eltern erhielten im Sommer des Jahres 1939 ein Schreiben von Miss Humphrey, in dem sie aufgefordert wurden, darüber nachzudenken, ob sie gewillt wären, ihre Kinder noch vor dem Ende der Ferien in die Schule zurückzuschicken – um mitzuhelfen, eine Schule in einem großen Haus einzurichten, das Miss Humphrey von einem verarmten Nachkommen des Dichters Blake in Südengland gekauft hatte. Die Ereignisse in der Welt hätten sich in bedrohlicher Weise zugespitzt, schrieb Miss Humphrey; sollte es zum Krieg kommen, wären wir in Somerset sicherer als neben dem Flugplatz von Croydon in der Nähe von London. Meine Eltern waren einverstanden, und so kam ich gegen Ende August 1939 in »Bridge House«, South Petherton, near Yeovil an – so lautete die neue Anschrift. Es waren schon verschiedene andere Kinder und einige Lehrerinnen eingetroffen. Das Haus stand auf einem großen Grundstück, inmitten einer Landschaft von sanften grünen Hügeln und Feldern. Es war ein ehemaliges ländliches Herrenhaus mit vielen Zimmern und Gängen. Die Zimmer waren hoch und sehr geräumig – und vor allem entsetzlich verschmutzt; überall hingen Spinnweben, es roch moderig, und im ganzen Haus war eine feuchte Kälte, selbst bei sommerlichen Außentemperaturen. Oft hörte man jemanden laut aufschreien, wenn plötzlich hinter einem verstaubten Vorhang oder einer Kiste eine Maus oder gar eine Ratte hervorsprang. Wir wanderten durch das Haus, sahen uns um, entdeckten immer wieder neue Zimmer und Kammern und fragten uns, wie dieses Gespensterschloß jemals in eine Schule verwandelt werden sollte. Wohnen konnten wir anfangs dort noch nicht. Tagsüber wurde geschrubbt, geputzt, geräumt, gestrichen; abends zogen wir in unser Quartier: ein großes Farmhaus der Eigentümerin eines benachbarten Landgutes, einer Walküre namens Mrs. MacDougall-Porter. Während wir morgens an einem langen Holztisch frühstückten, schritt sie gewichtig durch die riesige Küche und erzählte mit einer gewaltigen Stimme, die aus der Tiefe ihres großen Bauches zu kommen schien, immer wieder die gleiche Geschichte: »Nun ja … ich war damals d i e Kanalschwimmerin. Ich war mit Fett eingerieben, von einem begleitenden Boot reichte mir meine liebe Freundin, Mrs. Sidebottom, Essen und Trinken unterwegs.« Sie sprach diesen Namen, der zu deutsch »Seitenpopo« bedeutet, nicht, wie eigentlich korrekt gewesen wäre: »Saidbottom« aus, sondern sagte »Sidebottohm«, was ihrer Meinung nach wohl weniger vulgär klang. »Es war ja eine sehr lange Strecke – man bedenke: von England nach Frankreich! Seht es euch nur auf der Landkarte an, und ihr werdet meine Leistung begreifen …« Sie liebte es, wenn wir jedesmal mit gespielter Spannung lauschten und erstaunte Geräusche von uns gaben; wer sich so verhielt, hatte Aussicht, beim Essen Nachschub zu bekommen – und wir hatten von der frischen Luft und der körperlichen Arbeit immer einen gesunden Appetit.

Dann, eines Tages, wurde etwas bekannt, was uns allen unverständlich war: Stalin hatte mit Hitler einen Nichtangriffspakt geschlossen. Wie war das nur möglich? Hitler war doch ein Naziverbrecher, dem konnte man wohl kaum vertrauen – schon gar nicht, hätte man meinen sollen, konnten die Kommunisten in der Sowjetunion, die Todfeinde der Nazis, Hitler vertrauen! Hatte er nicht wenige Jahre zuvor lauthals erklärt, er werde die Unabhängigkeit Österreichs respektieren – um dann das Land zu besetzen? In jenen Tagen waren mein Vater und Paul Abbatt Ruhepole für sehr viele Menschen, die empört und verstört aus der kommunistischen Partei austreten wollten. Mir erklärten die beiden damals, daß Politik und Diplomatie wie ein kompliziertes Schachspiel seien. Stalin brauche Zeit zur Vorbereitung auf einen Krieg, der damals deutlich in Sicht war. Paul und mein Vater sagten, dieser Schritt bedeute keineswegs, daß Stalin auf einmal die Nazis als Freunde betrachtete; er wolle nur Zeit gewinnen … Damals schien mir diese Erklärung einleuchtend.

Unsere Deutschlehrerin, Frl. Freudenberg, eine deutsche Emigrantin, erzählte eines Morgens weinend, sie habe soeben im Radio gehört, daß die Nazis in

Polen eingedrungen seien. Zwei Tage danach befand sich England mit Hitlerdeutschland im Krieg. Ich hatte schon viel über Kriege gelesen und gehört, und ich stellte mir darunter einen Zustand vor, in dem geschossen wurde und Bomben fielen – so etwa wie die Filmberichte, die ich im Kino über Spanien während des Bürgerkriegs gesehen hatte. Ich fürchtete mich vor einem Krieg, doch war ich gleichzeitig gespannt zu erfahren, wie so etwas in Wirklichkeit aussah. In der ersten Kriegszeit, vor allem solange wir in der stillen, ländlichen Umgebung von Somerset waren, unterschieden sich die Tage nach der Kriegserklärung in keiner Weise von den Tagen davor. Es wurde zwar unter den Lehrerinnen davon gesprochen, auch Miss Humphrey sprach zu uns darüber, daß England jetzt einer schweren Zeit entgegenginge und daß wir alles, was in der nächsten Zeit an uns an zusätzlichen Anforderungen gestellt würde, ohne »Meckern« hinzunehmen hätten, denn jeder einzelne müsse an erster Stelle an die Verteidigung des Landes denken und bereit sein, nach besten Kräften etwas dafür zu tun. Das hörten wir uns an, doch es beeinträchtigte kaum unser tägliches Leben – denn was wußten wir damals schon über die Bedeutung des Begriffes »Krieg«?

»Bridge House« wurde in wenigen Wochen bezugsfertig. Bis es einigermaßen wohnlich wurde, sollte allerdings noch eine ganze Weile vergehen. Anfangs war es in unseren Betten feuchtkalt, und wir krochen zusammen, um uns warmzuhalten. Mit der Zeit hatten wir alle für den Winter unsere Wärmflaschen, die wir allabendlich in der Küche aus einem großen Kessel, der auf der mit Holz und Kohle geheizten Kochmaschine stand, mit heißem Wasser füllten. Die Betten waren sehr unbequem. Zuerst schliefen wir nicht auf Matratzen, sondern auf Strohsäcken; sie waren hart, stachelig – und lebendig. Die Flöhe trieben im Stroh – und an uns – ein fröhliches Jugendleben ... Waschen konnten wir uns die ersten Wochen nur mit kaltem Wasser. Mit der Zeit bekamen wir bessere Matratzen und Warmwasserversorgung; wir gewöhnten uns an unsere neue Umgebung, und als der Frühling kam, als alles nach frischem Gras und Blüten duftete und die Vögel zwitscherten, machte es uns Spaß, auf dem Land zu leben. An sonnigen Sonntagen nahmen wir uns Decken, legten uns in Gruppen aufs Gras, lasen, schwatzten, oder wir spielten Tennis. Manche Mädchen hatten sich ihre Reitpferde kommen lassen; Platz war genug da. Wir wuchsen heran.

Da keine Jungen in der Umgebung waren, entstanden besonders enge Freundschaften unter den Mädchen, die in einigen Fällen später dazu geführt haben, daß Mädchen lesbisch wurden. Wir hatten auch unseren »Schwarm« unter den Lehrerinnen – die allerdings mit viel Verständnis und Vernunft reagierten und bemüht waren, alles in »normale« Bahnen zu lenken. Hier waren es vor allem Miss Pantcheva und die ebenfalls noch sehr junge Lehrerin für englische Sprache und Literatur, Miss Miller – ein stilles, ätherisches Wesen, mit braunem Lockenkranz und großen, dunklen, verträumten Augen –, die helfend eingriffen. Eine bedeutende moralische Stütze hatten wir auch durch unser »Hausfaktotum«, Mabel, eine mütterliche, lustige Waliserin mit Grübchen in den Wangen, wenn sie lachte. Sie hatte es mit ihrer unsentimentalen, praktischen Lebensweisheit stets verstanden, ohne viele Worte Trauer und Mißmut zu verscheuchen. Kam eine von uns weinend, mit »blutendem Herzen« zu Miss Miller oder Miss Pantcheva, wurde sie geduldig angehört; uns wurde dann gesagt, daß sich bei uns Backfischen alles im Wachsen und im Verändern befinde und daß unsere »Leiden« natürliche Erscheinungen seien, mit denen wir fertigwerden müßten. Vor allem lehrten sie uns den Wert der Selbstbeherrschung schätzen und als verachtungswürdig betrachten, wenn jemand seine Gefühle »auf der Manschette« zur Schau trug, wie Miss Pantcheva einmal sagte. Sie und Miss Miller nutzten vor allem jede Gelegenheit im Unterricht, um uns deutlich zu machen, wie klein die »Leiden« wohlbehüteter, satter Backfische im Vergleich mit den wirklichen Tragödien seien, wie sie sich gerade in jenen Momenten, da wir vor Selbstmitleid zerflossen, überall auf der Welt abspielten. Anschaulich erzählten sie uns über die Schicksale von Kindern und Jugendlichen im Krieg – ohne Essen, obdachlos und verwaist von einem Moment zum anderen, wenn Bomben ihr Zuhause und ihre Familien zerstört hatten, oder sie lasen uns aus Büchern und Zeitungen Episoden vor, die uns dazu bewogen, uns über unsere eigene Kleinlichkeit und lächerliche Hysterie zu schämen. Ich erinnere mich deutlich an eine solche Situation, als Miss Pantcheva mir sagte: »Nimm dich nur selber nicht so wichtig, denke lieber mehr an andere Menschen und merk dir eins: Wer sich nicht selber beherrscht, den beherrschen die anderen.« Diese Worte hatte mir mein Vater auf jenem Ausflug in den Wienerwald gesagt, als er darauf bestanden hatte, daß ich Müdigkeit, Hunger und Durst überwinden müßte … Ich versank in jener Zeit vor allem in Büchern und in der Musik. Das hat mir wohl manches »Backfischleid« erspart.

Wenn die Müllmänner oder andere männliche Gestalten in der Schule auftauchten, rannte alles zum Fenster, und es erklangen schwärmerische Ausrufe: »Da … seht nur … ein Mann!« Als dann eine Einheit französischer Soldaten im Dorf unweit der Schule stationiert war, gerieten wir außer Rand und Band. Die jungen Franzosen hatten bald entdeckt, daß eine Mädchenschule in der Nähe war. An manchen Sommerabenden schlichen sie sich bis an unseren Zaun. Der Teil des Grundstückes auf der Rückseite von »Bridge House« neben den Tennisplätzen war verwildert. Dort wucherten Brennesseln und Disteln im hohen Gras. In der Nähe stand das Hühnerhaus. Miss Humphrey hatte Hühner kaufen und einen Gemüsegarten anlegen lassen, so daß wir uns selbständig mit Fleisch, Eiern und Gemüse versorgen konnten, was sich als weise Voraussicht erwies. Die Hühner legten mit Vorliebe hier mitten in den Brennesseln ihre Eier. Wir hatten das entdeckt, als ein Tennisball in die Brennesseln geflogen war und wir ihn gesucht hatten.

Eines milden Sommerabends kam uns der Gedanke, solche Eier zu suchen und ein romantisches, nächtliches Eieressen im Garten zu veranstalten. Eine Freundin entdeckte auf dem Gerümpelhaufen, der auf Abtransport wartete, einen uralten Spirituskocher. Ich stahl etwas Spiritus aus der Küche. Wir warteten, bis die diensthabende Lehrerin uns »gute Nacht« gesagt und die Tür des Schlafraumes hinter sich zugemacht hatte. Dann nahmen wir einige Laken von den Betten, knoteten sie fest zusammen und ließen uns aus dem Fenster daran hinunter in den Garten – das Zimmer war nicht allzu hoch gelegen. Draußen zirpten die Grillen, die Mondsichel hing im dunklen All, es duftete nach feuchter Erde. Wir schlichen zu den Garderoben, holten uns Gummistiefel, zogen sie an und gingen – im Nachthemd oder Schlafanzug – in die Brennesseln. Wir stocherten mit Stöcken vorsichtig darin umher und fanden im Licht einer Taschenlampe, die wir mithatten, tatsächlich mehrere Eier. Wir holten den Kocher und Spiritus aus dem Versteck; eine alte Bratpfanne hatten wir auch noch aufgetrieben und sogar sauber gemacht. Nie haben mir Rühreier so wunderbar geschmeckt wie damals – obwohl die Butter, die wir am Abend zuvor von den dünn bestrichenen Stullen abgekratzt und in Papierservietten eingewickelt hatten, etwas knapp war. Plötzlich hörten wir Flüstern und leises Pfeifen. Wir horchten auf. Dort am Zaun standen drei französische Soldaten. Erst wollten wir davonlaufen – aber dann war die Versuchung doch zu groß. Die ganze Sache war äußerst harmlos, aber wir fühlten uns glücklich und in gehobener Stimmung: seit jener Nacht hatten wir ein paar Wochen lang je einen »boy-friend« – das Erstrebenswerteste, was es für unsereins damals geben konnte. Wir fühlten uns wie Filmstars in einem romantischen Film. Unsere Franzosen kamen uns öfter besuchen – zum nächtlichen Eieressen und um ein wenig zu poussieren; sie waren alle noch ganz jung und bartlos, kindlich und scheu, sie sprachen wenig Englisch und wir noch weniger Französisch. Mlle. Charbonneau, unsere Französischlehrerin, wunderte sich nur über den jähen Eifer, den einige von uns eine Zeitlang in ihrem Unterricht zeigten, und über unsere erstaunlichen Fortschritte. Vor allem staunte sie über die »volkstümlichen« – sprich ordinären – Redewendungen, die wir auf einmal beherrschten.

Bis dann nach kurzer Zeit unsere »Kavaliere« verlegt wurden. Es gab Tränen, herzzerreißende Abschiedsworte, danach noch einige Briefe. Entdeckt wurde unser Abenteuer nie. Nur der plötzliche Lerneifer im Fach Französisch flaute danach wieder ab ...

Im Winter unseres ersten Jahres in »Bridge House« brach der russisch-finnische Krieg aus. Er stand im Mittelpunkt vieler Gespräche und wurde auch im Unterricht behandelt. Am 3. Dezember 1939 fand ich einen Brief von meinem Vater auf dem langen Kaminsims in der Diele von »Bridge House«, wo zweimal am Tag die sehnsüchtig erwartete Post auslag. Diesen Brief habe ich heute – 47 Jahre später – auf meinem Schreibtisch liegen. »... ich muß, um nur einen Teil von dem zu verdienen, was ich früher verdient habe, viel mehr arbeiten«, schrieb mein Vater. »Das ist der Krieg. Die Löhne werden knapper und die Preise steigen. Das war schon im vorigen Krieg so und wird in so manchem Krieg so sein. Es gibt immer Leute, die sich über Kriege freuen – weil sie daran verdienen (durch den Verkauf von Waffen vor allem) ... Du fragst, was ich zu sagen habe zu dem, was jetzt geschieht. In Finnland ist eine Regierung, die mit Hilfe der deutschen Faschisten 1919 und später alles hat umbringen lassen, was demokratisch gesinnt war. Die ›Times‹ schrieb unlängst, daß die finnische Regierung damals 30.000 Arbeiter hat erschießen lassen. Die Sache wurde geleitet von einem namens Mannerheim. Der hat den deutschen Menschenschlächter-Sachverständigen von der Golz zur Hilfe gerufen – und dann wurde das freie Finnland vernichtet. Nun haben die Russen, um ihre Grenzen zu schützen (sie mußten es selber machen, da die Engländer und Franzosen mit ihnen keinen Pakt abschließen), mit den Finnen Verhandlungen aufgenommen. Derselbe Mannerheim, der so viele unschuldige Menschen hat ermorden lassen, erwies sich als geschworener Feind der Russen. Finnische Kanonen wurden auf die Zufahrtswege nach Leningrad in einer Weise gerichtet, die keine andere Staatsmacht geduldet hätte. Die Lage ist für die Russen kreuzgefährlich. Gerade haben sie begonnen, sich ein wenig zu erholen, da ballen sich rings um sie herum schon wieder Gewitterwolken zusammen. Und da haben sie eben mit der Faust auf den Tisch gehauen. Das kostet sie viel Geld, viel Kraft und viel Blut, aber in so einer Kriegslage in der Welt kann man nicht lange herumreden. So. Das zur Orientierung. Jedenfalls, wo die Russen hinkommen, werden auf keinen Fall Juden und Kommunisten massakriert. (Und wenn man ein paar Gaunern ihre Beute wegnimmt, wird niemand daran sterben) ...« Das war, wie gesagt, im Dezember des Jahres 1939.

Die Ansicht meines Vaters, die in diesem Brief zum Ausdruck kommt, wurde damals von vielen Menschen geteilt. Er hat fest an die Sowjetunion geglaubt und mich in diesem Glauben erzogen, der wohl stärker war als manche Religion: die »Götter« waren reale, lebendige Wesen. Mein Vater starb im Jahre 1954. Die Enthüllungen des 20. Parteitags der KPdSU im Jahre 1956 hat er nicht mehr erlebt …

Bei uns in der Schule wurde fleißig gestrickt: Handschuhe, Schals, »Balaklavas« (Wollmützen mit Schal) für »Mannerheims Helden«, hieß es. In unserer Schule wurde die offiziell vertretene Meinung verbreitet, daß die »mächtigen Russen« in aggressiver Weise die »mutigen kleinen Finnen« überfallen hätten. Diese offizielle Meinung mußte mich empören – nach dem, was ich von meinem Vater und von Paul Abbatt gehört hatte. Ich setzte mich also hin und strickte auch eine »Balaklava« – doch verkündete ich mit finsterer Entschlossenheit, meine Strickerei wäre für einen Soldaten der Roten Armee. Wie viele Tränen und wieviel Schweiß steckten in diesem »Kunstwerk«, denn ich wurde als »Verräter« geächtet und als »roter Verbrecher« beschimpft. Stricken war damals auch nicht gerade meine Leidenschaft. Ich machte viele Fehler. Schließlich war das Werk vollbracht. Es sah recht unansehnlich aus: schmutzig, zerknittert und voller Fehler, aber meine Mutter wusch es aus, verbesserte die schlimmsten Fehler, so gut sie konnte, und packte die nun weiße, weiche und sehr warme Wollmütze in duftendes Seidenpapier, zusammen mit einem Bogen Notenpapier, auf das ich mit Hilfe von Miss Inglis eine eigene Komposition, »Ballade von Russland«, aufgeschrieben hatte. Diese Komposition spielte ich sogar bei einem Schülerkonzert vor. Die Achtung und Anerkennung, die ich dafür – und vielleicht auch für meinen beharrlichen und zähen Widerstand gegen die »Mannerheim-Anhänger« – erntete, wogen die erlittenen Demütigungen wieder auf.

Das kleine Päckchen wurde an Frau Maisky – die Frau des damaligen Botschafters der UdSSR, Iwan Maisky – adressiert, auf den Rat von Paul Abbatt, mit dem ich es dann auch persönlich bei der sowjetischen Botschaft in London abgab. Wenige Tage später – wir waren gerade nach den Weihnachtsferien wieder in die Schule zurückgekehrt – lag in der Diele von »Bridge House« für mich ein großes, auffälliges Couvert mit dem Absender der sowjetischen Botschaft in London. Andere Mädchen hatten diesen Brief vor mir entdeckt und standen, als ich ihn öffnete, um mich herum. Frau Maisky dankte mir für meine Sendung, schrieb, meine »Balaklava« würde bestimmt einen jungen Soldaten der Roten Armee freuen, wenn er in der eisigen Kälte dafür kämpfte, daß alle Kinder ruhig schlafen und vor einer verheerenden Ausbreitung des Krieges in der ganzen Welt geschützt werden sollten. Auch für die Noten dankte sie mir und bemerkte dazu: »Denke daran – Talent allein genügt nicht. Du mußt viel arbeiten und lernen, um die Kunst zu erobern. Nütze dafür Deine Jugend!«

Das bestärkte mich in meinem Vorhaben, Komponist und Dirigent zu werden. Bei einem Gespräch im »Familienrat« über meine weitere Zukunft, das wenig später stattfand, war ich wütend, als mein Vater mir sagte: »Vor allem muß man mit den Füßen auf der Erde bleiben und die Welt so nehmen, wie sie ist – und einstweilen ist sie eine Männerwelt. Ganz abgesehen davon, daß mit der Kunst das tägliche Brot sehr schwer zu verdienen ist – für Männer und erst recht für Frauen ... Du darfst niemals für deinen Lebensunterhalt von anderen Leuten abhängig sein! Also wähle einen Beruf, in dem du überall und immer dein eigenes Brot verdienen kannst. Außerdem: mittelmäßige Künstler gibt es genug; du brauchst ihre Reihen nicht aufzufüllen. Wenn du wirklich etwas kannst, dann wirst du dich durchsetzen – trotz alledem. Wenn nicht – dann hat es eben nicht gereicht.« Ich habe diese Worte meines Vaters zwar beherzigt und geschätzt, aber erst viele Jahre später. Als er sie aussprach, war ich zuerst einmal schwer beleidigt.

Während des Krieges lebte ich in zwei sehr unterschiedlichen Welten: einerseits in der friedlichen Umgebung von »Bridge House«, andererseits, in den Ferien, zu Hause, das Leben der Emigranten. In der Schule lernte ich, wurde in die nächste Klasse versetzt, wanderte mit Mitschülerinnen und Lehrerinnen über die weiten, grünen Wiesen und Felder, kletterte über Zäune, die die Rinderherden zusammenhalten sollten, und im Herbst sammelten wir körbeweise Brombeeren, die unter der strengen Aufsicht der Küchenchefin, Miss Crockford – eine Freundin unserer Mathematiklehrerin Miss Ross –, zu Kompott, Marmelade oder Pudding verarbeitet wurden. In ihrer äußeren Erscheinung war Miss Crockford eine alte Schreckschraube, mit fliegendem, grauem Haar, einer noch längeren Nase, einem ähnlich klappernden, gelben Gebiß wie ihre Schwester, aber noch länger und knochiger als diese – dabei aber humorvoll und freundlich. Sie sorgte für unser leibliches Wohl und wirtschaftete sparsam mit den ihr zur Verfügung stehenden Mitteln. Wir hatten ausreichendes, gesundes Essen, selbst in den schwersten Kriegszeiten. Miss Crockford ließ sich immer wieder etwas einfallen. Auf den hohen, alten Laubbäumen des Grundstückes unserer Schule krächzten unzählige Krähen und Raben, von denen der Gärtner oftmals einige abschoß, die dann von Miss Crockford in ein »Menü des Hauses« – genannt »Rook Pie«, Krähenpastete – verwandelt wurden. Im Kampf gegen zahllose kleine Knochen kratzten wir an den Tagen, da es dieses Gericht zum Mittag gab, das wenige Fleisch zusammen, das eigentlich recht gut schmeckte.

Unser »Kriegsdienst« in jenen Tagen vollzog sich in verschiedener Form: wir wurden zur Hilfe beim Abtrocknen von Geschirr, zur Säuberung des Hühnerhauses und zu anderen Arbeiten eingeteilt; das Hühnerhaus drohte uns auch als Sühne für Missetaten. Der Krieg war damals noch recht weit von uns weg: wir hörten nur in den Radionachrichten von Dünkirchen, vom Fall von Paris, von der Besetzung eines europäischen Landes nach dem anderen durch die Nazis. Nach der Besetzung Frankreichs wurde der Krieg auch für mich greifbare Wirklichkeit: weniger während der Schulzeit, in unserem ländlichen »Gespensterschloß«, das bis dahin schon eine recht gut eingerichtete Internatsschule geworden war, in die wir zeitweilig auch Mädchen aus einer anderen Schule aufgenommen hatten, die evakuiert worden waren und auf den Einzug in ein neues Gebäude warteten. Vor allem während der Ferien zu Hause in London, in meiner »zweiten Existenz« als Teil der Emigranten, wurden die Kriegsereignisse zu einem Teil meines Lebens.

Im September und Oktober 1940 begannen nämlich die Luftangriffe auf die britische Hauptstadt. Noch heute überläuft es mich kalt, wenn um die Mittagszeit an einigen Wochentagen in der Nähe meiner Wohnung Fabriksirenen aufheulen … Es ist schwer zu beschreiben, jenes Gefühl der lähmenden Angst beim Ertönen der Sirenen während des Krieges, als alles zum Himmel blickte, von wo dann das grauenvolle, drohende Dröhnen der schweren »Messerschmidt«-Bomber immer näher kam. Am entsetzlichsten war das Pfeifen der fallenden Bomben, die Sekunden, in denen man nicht wußte, ob die Einschläge einen selber treffen und im nächsten Augenblick das Zuhause in Flammen und Trümmer verwandeln und man vielleicht nicht mehr am Leben sein würde. Im Garten unseres Hauses in der Goldhurst Terrace befand sich eine der kleinen Wellblechhütten, bis auf das Dach in die Erde eingegraben, die man »Anderson-Shelter« nannte: ein kleiner Familienluftschutzkeller, benannt nach Sir John Anderson, dem damaligen britischen Innenminister, der sie eingeführt hatte. Ich weiß nicht, ob diese Hütte uns gerettet hätte, wenn wir in jenem Moment zu Hause gewesen wären, als eine Landmine bei einem Luftangriff die eine Straßenseite, auf der unser Haus stand, aufgerissen hatte und das Haus Nr. 181, zusammen mit den meisten anderen Häusern dort, in Schutt und Asche verwandelte. Als das passierte, hatten wir aber London schon verlassen und waren nach Oxford gezogen.

Zu Beginn des Krieges gab es eine Reihe neuer Erscheinungen in unserem täglichen Leben, die ich vor allem während der Ferien wahrnahm. Viele Schulen waren, wie die unsere, aus den großen Städten aufs Land evakuiert worden. Lebensmittelkarten wurden eingeführt, und überall sah man Leute in Uniform. Von frühester Kindheit an hatte ich gelernt, »Uniformierte« zu hassen, ihnen aus dem Weg zu gehen und ihnen zu mißtrauen. Das hatte in Berlin und in

Wien während der Nazizeit seinen sehr guten Grund und war durch bittere Erfahrungen bekräftigt worden. Diese Männer und Frauen in den Uniformen der britischen Armee, Luftwaffe, der Marine, der Luftschutzhelfer und der Bürgerwehr paßten jedoch in ein ganz anderes Gefüge von Begriffen und Erfahrungen: Sie wurden uns in den Medien als die Verteidiger im Kampf gegen die deutschen Nazis vorgestellt, die auch meiner Familie Leid zugefügt hatten; ich sah sie täglich und nächtlich im selbstlosen Einsatz, wie sie Menschen aus den brennenden Ruinen zerbombter Häuser holten, Trümmer wegräumten, Menschen trösteten, die Angehörige und ihr Zuhause verloren hatten. Im Umgang mit der Bevölkerung waren sie immer freundlich, sogar humorvoll und optimistisch, trotz übermüdeter Gesichter, so daß ich innerlich auch zu ihren Uniformen eine differenzierte, veränderte Einstellung bekam.

Am Himmel über London schwebten silbrige Ballons, ähnlich den Zeppelinen, an die ich mich aus der Zeit in Berlin erinnern konnte: Sie bildeten eine Sperrkette in der Luft, als Abwehr gegen anfliegende feindliche Flugzeuge. Überall wurden Luftschutzkeller eingerichtet; Fenster wurden mit Papierstreifen verklebt und mußten abends verdunkelt werden. Nach vielen Dingen mußte man sich anstellen – auch zum Empfang der Gasmasken, die wir laut Gesetz immer bei uns zu tragen hatten. Meine Mutter ging, praktisch wie sie war, gleich daran, auf ihrer alten »Singer«-Nähmaschine aus buntem Wachstuch hübsche Taschen dafür zu nähen. Durch den Verkauf dieser Taschen konnte sie etwas Geld dazuverdienen, in einer Zeit, da von meinem Vater sehr wenige Einnahmen ins Haus kamen.

»Gasmaske« gehörte zu den Begriffen, die in den damals üblichen Sprachgebrauch eingeflochten wurden, ebenso wie beispielsweise »Home Guards« (Bürgerwehr, das heißt Männer der älteren Jahrgänge, die sich freiwillig für den Zivildienst meldeten), »A.R.P.« (Luftschutzverteidigung), »Utility«-Waren (billige Verbrauchswaren, mit ausschließlich praktischem Nutzwert hinsichtlich Qualität und Ausführung, ohne jeglichen Luxus), »refugee« (Emigrant), später auch »internment« (Internierung) und »enemy alien« (feindlicher Ausländer).

Zu letzteren wurden wir Emigranten aus Deutschland und Österreich sehr bald nach Kriegsausbruch erklärt. Sogar auf Kinder meines Alters traf dies zu, obgleich es jeder Logik entbehrte. Ich war darüber wütend und empört: wie konnte man uns Antifaschisten, die sogar schon vor 1933 gegen Hitler aufgetreten waren – und dazu zählte ich auch mich selber –, mit den Nazis in einem Atemzug erwähnen? Wir standen doch auch im Krieg gegen die Nazis – und mit sehr viel klarerer Motivierung als die meisten Engländer! Und gerade die konsequentesten Hitlergegner – die Kommunisten – wurden auf einmal in Zeitungsartikeln und Radiosendungen als der größte Abschaum bezeichnet …

21.5.1940: Ein langer Zug von sog. enemy aliens (»Feindliche Ausländer«), die in einer Stadt im Norden Englands zusammengetrieben wurden, auf dem Weg in ein Internierungslager. (Bildausschnitt)

29.5.1940: 3.500 deutsche und österreichische Frauen, die am Vortag verhaftet wurden, werden zur Internierung auf die Isle of Man abtransportiert.

21.5.1940: Blick von außen in das wegen seiner schlechten Haftbedingungen besonders berüchtigte Internierungslager in Huyton, Liverpool.

Mai 1940: Täglich treffen hunderte Flüchtlinge, die von der Polizei in den letzten Tagen festgenommen wurden, in einem Lager im Norden Englands ein.

Mai 1942: Internierung von Flüchtlingen auf der Isle of Man.

Mai 1940: Das Huyton-Internierungslager, Liverpool.

Die Fremdenverordnung aus dem Jahre 1920 wurde mit Bestimmungen erweitert, welche die Inhaftierung von Ausländern »bei Gefährdung der öffentlichen Sicherheit und bei Verteidigungsmaßnahmen, die eine Internierung erforderlich machen«, zuließen. Das Abstempeln deutscher und österreichischer Emigranten zu »enemy aliens« (feindlichen Ausländern) war nicht weniger erniedrigend als die Demütigungen von Antifaschisten und Juden durch die Nazis. Alle Emigranten über 16 Jahre mußten vor ein Tribunal zur Überprüfung und Einstufung in eine von drei Kategorien – A, B oder C. Meine Eltern wurden gegen Ende 1939 vor dieses Tribunal berufen. Die Einstufung hing vielfach von der mehr oder weniger ausländer- und kommunistenfeindlichen Einstellung des jeweiligen »Friedensrichters« ab. Obgleich mein Vater Kommunist war, wurden meine beiden Eltern in die Kategorie »C« – als Hitlergegner und als »loyal« gegenüber dem Gastland – eingestuft. In diese Kategorie kam der größte Teil der Emigranten. Damit war die Pflicht verbunden, Radiogeräte und Landkarten bei den Behörden abzuliefern, nach der abendlichen Polizeistunde – dem »curfew« – nicht mehr aus dem Haus zu gehen und jede Entfernung vom Wohnsitz bei der Polizei zu melden.

In die Kategorie »B« wurden – oft äußerst willkürlich – »zweifelhafte Elemente« (zum Beispiel bekannte kommunistische Funktionäre oder »kommunistischer Umtriebe« verdächtige Personen) eingestuft. Diese – auch heute noch in der Welt verbreitete – Gleichstellung von Verbrechern mit ihren Opfern widerspiegelt sich in der folgenden Schilderung eines solchen Tribunals durch den Dichter Erich Fried: »Ich stand daneben, als eine junge Frau erklärte: Auch wenn sie einen deutschen Paß habe, könne sie nicht gut eine Hitleranhängerin sein, denn sie sei doch Jüdin. Darauf antwortete der englische Friedensrichter streng: ›Das ist ja gerade das Kreuz mit euch Deutschen, daß ihr so intolerant seid und derartige Unterschiede macht! Wir Engländer sind für die Gleichheit der Menschen – Juden, Christen, Mohammedaner, Hindus – für uns ist das alles ein und dasselbe. FÜR UNS SEID IHR ALLE DEUTSCHE, VERSTANDEN?‹ Die Frau wurde wegen ihrer ›intoleranten‹ Ansichten als ›zweifelhafter Fall‹ in die Kategorie ›B‹ eingestuft und daher bei der nächsten politischen Krise – als Frankreich gefallen war – interniert.« *

Mein Vater wurde wie viele andere, trotz Kategorie »C«, auch in ein Internierungslager auf die Isle of Man, eine kleine Insel im Ärmelkanal, geschickt. Für meine Mutter bedeutete dies eine erneute Trennung, wieder Sorgen und

---

* Fried, Erich: Britische Toleranz. In: Zadek, Walter (Hg.): Sie flohen vor dem Hakenkreuz, Reinbek 1981, S. 203; zitiert nach: Kunst im Exil – in Großbritannien 1933–1945, Berlin 1986, S. 274.

Ungewißheit über das Schicksal ihres Mannes; wieder mußte sie allein mit allem fertig werden. Ohne die Hilfe unserer Freunde hätte meine Mutter kaum gewußt, was sie machen sollte. Bald wurde bekannt, daß Internierte nach Kanada und Australien deportiert wurden, und meine Mutter konnte vor Angst und Aufregung deswegen nachts nicht mehr schlafen. Oft kam sie morgens mit verweinten Augen in die Küche. 7.000 Emigranten wurden im Juni 1940, zusammen mit deutschen Kriegsgefangenen, nach Kanada und Australien verschleppt. Über die Bedingungen in den Internierungslagern hörten wir wenig Gutes: Überfüllung der Unterkünfte, schlechtes Essen, Diebstähle und Demütigungen durch die Wachmannschaften ...

Wir erfuhren durch Presse und Rundfunkberichte sowie in Gesprächen an unserem Mittagstisch, daß bekannte englische Persönlichkeiten und Organisationen Kritik an der Internierungspolitik der Regierung äußerten; besonders heftig wurde diese Kritik im Herbst 1940 nach der Versenkung der »Arandora Star«, eines Schiffes mit Deportierten an Bord, durch deutsche U-Boote. Die Stimmung der englischen Öffentlichkeit, noch bis vor kurzer Zeit durch die Medien zu wildem Ausländerhaß hochgeputscht, schlug in dieser Zeit deutlich um. H.G. Wells, der bekannte englische Schriftsteller und Historiker, schrieb in seiner »Kurzen Geschichte der Welt« folgende Worte über die Politiker, die sich in den ersten Kriegsjahren der übelsten Teile der Bevölkerungsmassen bedient hatten: »... es kam zu einer brutalen und gewaltreichen Verfolgung gerade jener Menschen, bei denen Großbritannien Unterstützung im Kampf um die Befreiung Europas hätte suchen müssen. Statt dessen behandelte man sie mit einer irrationalen Böswilligkeit und Grausamkeit, was dem Namen Englands nicht wiedergutzumachenden Schaden zugefügt hat. Leidenschaftliche Feinde des Nationalsozialismus wurden unter empörenden Bedingungen interniert, viele wurden zum Selbstmord getrieben. In der großen Vergangenheit von Canning, Palmerston und Melbourne war es die Politik Großbritanniens in Konfrontation mit der heiligen Allianz gewesen, den revolutionären Bewegungen jedes europäischen Landes Freundschaft, Schutz und Hilfe zu bezeigen. Großbritannien hatte dem Sklavenhandel ein Ende gesetzt. Es war der Stolz der Briten gewesen, zu wissen, daß Menschen frei waren, wo immer die Flagge ihres Landes wehte. Heute fragt eine schockierte Welt, ob England dies alles vergessen hat – oder war alles Gerede von Demokratie und Wahrheit nichts als Heuchelei?« *

Im Internierungslager Hay in Australien schrieb ein unbekannter Dichter:

---

* H.G. Wells: A Short History of the World, Pelican 1946, S. 285 (nichtautorisierte Übersetzung).

»Wir waren Hitlers Feinde
schon lange vor dem Krieg.
Wir kannten seine Pläne
mit Bomben und Träumen vom Sieg.
Wir warnten vor Verrat zu einer Zeit,
da ihr nur den Frieden sah't
Und heut' sind wir dem britischen Staat
die treuesten Diener –
hinter Stacheldraht.« *

Diese beiden Zitate bringen die Stimmung in jenen Jahren zum Ausdruck. Ich fand sie in diesen Tagen – fast ein halbes Jahrhundert danach –, als ich in verschiedenen Büchern meiner Hausbibliothek blätterte, um mein Gedächtnis aufzufrischen und vor allem um Zusammenhänge zu erkennen, die mir damals verborgen geblieben waren: erstens als Kind mit mangelhaftem Wissen und wenig Erfahrung und zweitens, weil einige Zusammenhänge erst in unseren Tagen deutlich erkennbar zu werden beginnen.

Ende 1941 waren die meisten Internierten wieder auf freiem Fuß. Mein Vater kehrte schon nach einigen Monaten zu uns zurück, kurz bevor wir nach den ersten großen Luftangriffen auf London nach Oxford übersiedelten. Dort wohnten wir zunächst als Untermieter in einem Reihenhäuschen, das einer Mrs. Tyrrell und ihrer Schwester Kate gehörte. Der Mann von Mrs. Tyrrell war bei der Luftwaffe. In jenen Tagen empfand ich den Kontrast zwischen meinem »englischen« Leben in der Schule und dem »Emigrantenleben« während der Ferien zu Hause besonders stark. In der Schule lebte ich nach dem Muster der christlichen oberen Mittelschicht, in friedlicher Routine, getragen von gepflegter Sprache, Traditionen der britischen und der Weltkultur und von englischen Gepflogenheiten, in einem Klima des politischen Liberalismus und Humanismus, das eigentlich noch zum 19. Jahrhundert gehörte – etwa so, wie es einem in den Werken von Galsworthy oder C.P. Snow (zum Beispiel Forsyte Saga, Strangers and Brothers) begegnet. Dieses Leben war beherrscht von den Gedanken der Toleranz, des Humanismus, der Gerechtigkeit und vor allem auch vom Begriff der »Freiheit des Individuums«. In allen Unterrichtsstunden wurden diese Begriffe mit konkreten Beispielen erläutert, in den Beziehungen zwischen Lehrern und Schülern weitgehend praktisch verwirklicht und durch die abendlichen Lesungen, die Sonntagsmusik und die Kommentare der

* Ibid. S. 283 (aus dem Englischen: E.B.).

Lehrerinnen bestärkt. Diese Begriffe haben unsere Entwicklung nachhaltig beeinflußt.

Nie werde ich die Geschichtsstunden von »W.B.« vergessen, in denen wir in atemloser Spannung von der Französischen Revolution, dem mutigen Freiheitskampf von Garibaldi in Italien und Karageorgi in Serbien gegen die türkischen Herrscher des Osmanenreiches hörten. Wir waren begeistert von den Helden dieser Kämpfe, die sich gegen Willkür und Tyrannei richteten, und die gleichen Maßstäbe galten für uns auch bezüglich des Krieges gegen Hitler, Mussolini, die japanischen Militaristen und deren beispiellose Brutalität. Nur betrachteten die Kreise der oberen Mittelschicht, zu denen unsere Lehrerinnen gehörten, die hohen Ideale, die sie uns als erstrebenswert darstellten und in deren Geist sie uns erzogen, als abstrakte Begriffe, nicht als Teil der praktischen Wirklichkeit des täglichen Lebens. Zu dieser Wirklichkeit gehörte es mitunter auch, daß ich eines Tages ebenfalls, so wie meine Eltern, vor das Tribunal zitiert wurde, um als ausländischer Emigrant in eine der drei bereits erwähnten Kategorien eingeordnet zu werden. Ich wurde von einer Lehrerin begleitet, die sehr ausgeprägte moralische Prinzipien hatte; sie waren jedoch eher abstrakt als lebensnah, was ihre Reaktion auf die Begebenheit bezeugte.

Die Prozedur empfand ich als äußerst unangenehm, und ich kam mir vor wie ein Verbrecher vor diesen Männern in schwarzen Roben, die hoch über mir auf einer Plattform thronten und verächtlich auf mich herabblickten. Als ich auf die Frage nach meinen Zukunftsplänen antwortete, daß ich nach dem Abschluß der Schule studieren wollte, fragte einer der Herren in geringschätzigem Ton, ob ich nicht wüßte, daß es sehr viel Geld kostete, zu studieren. »Man braucht Geld oder Wissen. Und das Wissen kann man erwerben, wenn das Geld fehlt«, war meine Antwort; worauf ich in die Kategorie »C« als »loyal« gegenüber dem Gastland und als »freundlicher Ausländer« (friendly alien) eingestuft wurde. Bei der Rückfahrt in die Schule bemerkte Miss Hutchings, die Lehrerin, die mich begleitete, ihr wäre ganz flau geworden bei meinen »dreisten Antworten« – wo es sich doch gehört hätte, äußerst bescheiden aufzutreten, und sie wäre sehr erstaunt über die »wohlwollende Entscheidung«, die die Herren dennoch getroffen hätten …

Die Revolution des Jahres 1917 in Rußland gehörte, im Gegensatz zur Französischen Revolution, schon nicht mehr in eine bereits historisch gewordene Vergangenheit. Sie hatte erst ein knappes Vierteljahrhundert zuvor stattgefunden, und ihre Folgen hatten eine sehr konkrete Auswirkung auf das Weltgeschehen der damaligen unmittelbaren Gegenwart. Die Französische Revolution war fern genug, um gefahrlos für ihre großen Ideen schwärmen zu können. Die Oktoberrevolution oder die Greuel der Nazi-KZs waren ein Teil der Gegenwart, also Themen, die man – entsprechend den Lehren eines vornehm tänzelnden Mr. Mackintosh – nicht bei Tisch besprach.

Diesen Herren – sein Name bedeutet zu deutsch: »Regenmantel« – engagierte Miss Humphrey, um uns einmal im Monat unter dem Motto »Manners Make the Man« (Manieren machen den Menschen) in der Kunst des »guten Benehmens« zu unterweisen. Vieles, was er uns beibrachte, hat uns bestimmt im späteren Leben genützt, über anderes konnte man sich höchstens amüsieren; was wir auch taten. Dieser Mensch – von schlankem, hohem Wuchs, eine graue Erscheinung mit eierförmigem Kopf, grauer Bürste, flügelförmigen, schmalen Brauen über stechenden, dunklen Vogelaugen, mit einem kleinen Mund, so rot und herzförmig, daß wir überzeugt waren, er würde ihn schminken – betrat das Klassenzimmer wie eine Ballerina. Im Grunde genommen hat er mich wenig gestört – nur war mir lästig, daß er immer gerade mich benutzte, um zu veranschaulichen, wie man es NICHT machen sollte. Des öfteren verwies er mich des Raumes wegen »ungebührlichen Benehmens«. »Out!!« krächzte er dann, mit ausgestrecktem Arm und Zeigefinger in Richtung Tür. Einmal erklärte er, es wäre »unschicklich«, so wie ich es tat, den Teller sorgfältig leerzuschaben. »Es gehört sich, stets ein wenig von den Speisen auf dem Teller zu belassen«, lispelte er pedantisch. Kurz zuvor hatte ich zu Hause in der Zeitschrift ›Soviet War News‹ Berichte über erfrierende, verhungernde Kinder in von Nazis besetzten russischen Dörfern und in Konzentrationslagern gelesen. »Kinder in Polen und Rußland verhungern, und wir sollen gutes Essen auf dem Teller lassen, das dann weggeschmissen oder an die Hühner verfüttert wird?!« rief ich empört. Daraufhin mußte ich in Richtung des ausgestreckten Zeigefingers verschwinden … Lachen und Weinen, meinte Mr. Mackintosh, wäre schädlich für »werdende Damen«, es verursache Falten. »Lächeln – immer nur behutsam lächeln«, empfahl er uns.

Die erste Zeit in Oxford, im Hause von Mrs. Tyrrell, war mir nicht zum »Lächeln« zumute. Nach den Bombennächten in London war es immer angenehm, in »Bridge House« wieder ruhig schlafen zu können. Die Nächte in unserer ersten Bleibe in Oxford waren nicht viel angenehmer, nur nicht so gefährlich wie bei den Bombenangriffen. Ich mußte nämlich mit Miss Kate, einer alten Jungfer, wie sie im Buche steht, in einem Zimmer schlafen. Erstens war die Liege, die mir zugewiesen wurde, schmal und sehr hart. Zweitens schnarchte die Dame wie ein Sägewerk. Drittens hatte sie eine schwache Blase, und da sie nachts keine Lust hatte, aus dem Zimmer und die Treppe hinauf bis zum Klo zu rennen – sie hatte es offenbar immer sehr eilig –, holte sie jede

Nacht mehrmals mit scharrendem und plätscherndem Geräusch im Dunkeln ein Nachtgeschirr unter ihrem Bett hervor, und dann wurde ich durch Rauschen, Getöse und Gestank immer wieder geweckt und konnte lange nicht einschlafen. Miss Kate hatte noch dazu panische Angst vor »Zug« ... Der Aufenthalt in diesem Hause war für mich nur erträglich, weil ich mich, sobald diese Person aus dem Hause war, an das Klavier setzte, das in dem ansonsten kaum benutzten Wohnzimmer stand, und mit Leidenschaft darauf spielte, obwohl es durch die Feuchtigkeit verstimmt und beschädigt war und einige Tasten immer wieder steckenblieben.

Eine große Freude war das unerwartete Wiedersehen mit Gitta Margulies, einer meiner Freundinnen aus dem »LGGE«-Bund in der Schwarzwaldschule in Wien, die mir eines Tages auf der Straße begegnete. Ein Mädchen in dunkelblauer Schuluniform sprang auf einmal von einem Fahrrad und umarmte mich. Gitta war mit einem Kindertransport nach England gekommen. Ein kinderloses Fleischerehepaar, Mr. und Mrs. Alden, hatte sie adoptiert und liebevoll aufgenommen. Mit Gitta und anderen jungen Leuten in meinem Alter ging ich in den Emigrantenclub, den »Refugee Club« in der »St. Philip's and St. James' Church Hall«, einem Versammlungsraum in Süd-Oxford, den eine Kirchengemeinde den Emigranten zur Verfügung gestellt hatte. Dort fanden jede Woche interessante Veranstaltungen statt – Vorträge, Konzerte, Lesungen –, dargeboten von profilierten Künstlern und Wissenschaftlern, die in Oxford als Emigranten lebten. Wir trafen uns auch regelmäßig bei den Zusammenkünften der Freien österreichischen Jugend (FöJ) in einem Emigrantenwohnheim in der New Inn Hall Street im Zentrum von Oxford.

Das Emigrantenleben unterschied sich sehr kraß von meinem englischen Schuldasein. Die meisten meiner Mitschülerinnen kamen aus wohlhabenden Familien, in deren Schoß sie die Ferien verbrachten. Die Emigranten im Freundeskreis meiner Eltern und im Club führten dagegen ein entwurzeltes Leben, vielfach als Untermieter, im ständigen Kampf mit schwierigen »Landladies« oder »Landlords« (Hauswirten), ohne Möglichkeiten, in ihrem eigentlichen Beruf zu arbeiten, dazu gezwungen, ungewohnte, schlechtbezahlte Arbeit zu verrichten, oder sie hatten keine feste Arbeit und waren ständig von Geldsorgen geplagt. Viele wußten nicht, ob ihre in Deutschland oder Österreich verbliebenen Angehörigen noch lebten, ob sie sie jemals wiedersehen würden. Das alles zehrte an den Nerven, und es kam häufig zu Reibereien und Zank.

Im Gegensatz zu dem recht sorglosen Leben während der Schulzeit eröffnete sich in den Ferien in meinem »Emigrantenleben« auch so manche unerfreuliche Seite des Lebens in England – nämlich diejenige, die den weniger Bemittelten vorbehalten war. Die oberen Teile der sehr großen englischen Mittelschicht, die etwa wie Mrs. Tyrrell in kleinen Reihenhäuschen wohnten, die entweder ein kleines oder gar kein Bankkonto hatten, waren bestrebt, im Rahmen ihrer Möglichkeiten den Lebensstil der »oberen Zehntausend« als Vorbild nachzuahmen. Ihre Häuschen, mit kleinen Gärtchen und ungenutzten Wohnzimmern, in denen ungenutzte Klaviere poliert, verstimmt und geschädigt durch Feuchtigkeit als Möbelstücke stehen, gekrönt von einer Schale mit Wachsobst, und einer düsteren, nach den Räucherheringen zahlloser Frühstücke riechenden Küche am hinteren Ende des Korridors gleichen einander wie die bigotten Jungfern darin, die sich regelmäßig in der Kirche sehen lassen, aber vor allem Freude über das Schicksal derer empfinden, denen es schlechter geht als ihnen selber. Dummheit, Heuchelei, Kulturlosigkeit und Chauvinismus zählen zu ihren charakteristischen Merkmalen, und sie sind, so wie die übrigen Männer und Frauen dieser Schicht, die zuverlässigsten Stützen konservativer Regierungen. An der unteren Grenze dieser Mittelschicht herrscht Armut, die man zu verbergen sucht, und noch weiter unten auf der sozialen Leiter sind Elendsquartiere, Schmutz, Verzweiflung, Roheit und Verbrechen anzutreffen …

Ich beobachtete auch, daß der »refugee« von den meisten Engländern nie ganz als ihresgleichen anerkannt wurde und letztlich immer im Gastland ein Mensch zweiter Klasse war. Dem entgingen auch nicht jene Emigranten in England, die – ähnlich den vielen Juden in Wien, die dem Antisemitismus zu entgehen strebten, indem sie sich taufen ließen und mit aller Gewalt versuchten, sich in die katholisch-»arische« Gesellschaft zu assimilieren – von einem vergleichbaren Minderwertigkeitskomplex befallen waren und krampfhaft versuchten, ihre kontinental-europäische Herkunft zu verbergen, ihre Muttersprache zu verleugnen, nur englisch sprachen und versuchten, sich ganz besonders »englisch« zu gebärden. Oft schilderte mein Vater das Leben im Internierungslager. Er erzählte von Kartoffelschälen, Appellstehen bei Hitze und Kälte, von Strafen für nicht begangene Taten, Diebstählen der Wachmannschaften, die nicht bestraft wurden, von Trauer und Verzweiflung, aber auch von Konzerten, Theatervorstellungen, Kabarett und Vorträgen über die verschiedensten Themen – alle dargeboten von hervorragenden Künstlern, Wissenschaftlern und Geistesschaffenden aus Österreich, Deutschland und der Tschechoslowakei.

In der illustrierten Wochenzeitschrift ›Picture Post‹ vom 6. April 1940 erschien eine Bildreportage unter dem Titel: »Refugees – Allies or Enemies?« (Emigranten – Verbündete oder Feinde?). Da waren Portraits von einigen der Hunderte von Emigranten, welche die Kultur und Wissenschaft ihrer jeweiligen

»Gastländer« bereichert hatten – von Einstein bis Bruno Walter, Kokoschka bis Conrad Veidt, Elisabeth Bergner, Richard Tauber und vielen anderen. Wie viele schwere Stunden mußten doch die Künstler und Wissenschaftler, deren Leistungen sie in die Geschichte der Weltkultur eingehen ließen, in der Emigration als Bittsteller erleben, die »Gönner« brauchten, um ihre Talente zur Geltung bringen zu können, und die zeitweilig in Not leben mußten!

In Oxford wurde meine Familie öfter von zwei Damen – Miss Ruth und Miss Rosemary Spooner – eingeladen, deren großes Haus am Sonntagnachmittag für »refugees« offenstand. Die beiden hatten sowohl Geld wie auch Einfluß in den höheren Gesellschaftskreisen. Es wurden Tee und Sandwiches gereicht – schmackhaft und hübsch anzusehen, aber nicht geeignet, um einen gesunden Appetit zu stillen. Ich brachte meine arme Mutter anfangs in Verlegenheit, weil ich die Aufforderung »zuzugreifen« wörtlich nahm und gleich mehrere der hübschen kleinen Häppchen ergriff, sie zusammenlegte und mit einem Bissen aufaß – was auch Mr. Mackintosh bestimmt streng verurteilt hätte … Danach wurden eigenartige Gesellschaftsspiele gespielt – eigenartig deshalb, weil ich fand, daß es für Kinder zwar natürlich war, beispielsweise »musikalische Stühle« zu spielen und dabei im Zimmer herumzutoben, um einen Stuhl zu ergattern, wenn die Begleitmusik aufhörte, bei Erwachsenen so etwas allerdings sehr komisch wirkte … Nach den Spielen setzte sich Miss Ruth – eine ältere, magere, hochgewachsene Person mit grauem Zopf im Kranz um den Kopf gelegt und verträumt-schwärmerischen hellen, sanften Augen – an den schwarzen Flügel und spielte mit großem Können Werke von Beethoven, Brahms, Mozart und Schubert. Manchmal spielte sie im Duett mit ihrer Schwester, Miss Rosemary – etwas kleiner, eher vollschlank, mit rötlichem, aus der Stirn gekämmtem Haar mit Dutt und grau-grünen, lustigen Augen –, die eine gute Cellistin war.

Bei diesen Nachmittagen begegnete ich verschiedenen Menschen, die in Wien, in Berlin, in Prag, in bekannten Orchestern oder als Solisten vor großem Publikum musiziert, auf führenden Bühnen gespielt oder in größeren Auflagen Bücher veröffentlicht hatten – als »refugees« aber froh waren, das Geld, das sie wöchentlich für ihr möbliertes Zimmer an ihre nörgelnden Wirte und Wirtinnen bezahlen mußten, als Hilfskellner, Boten, Fabrikarbeiter, Reinigungskräfte usw. verdienen zu können. Es gab damals überhaupt viele Wertverschiebungen auf den verschiedensten Lebensgebieten, mit den unterschiedlichsten Ursachen und Auswirkungen. In unserer Schule lehrte man uns zum Beispiel, Demokratie, Freiheit, Gerechtigkeit und Toleranz zu achten und uns stets mutig dafür einzusetzen. Man erzog uns zu Selbstlosigkeit und Hilfsbereitschaft und zum Haß gegenüber Despotismus, Grausamkeit und Gewalt, lehrte uns, die Schönheit der Kunst und Natur zu begreifen und zu schätzen. Unsere Lehrerinnen waren bestimmt im innersten Herzen überzeugt von dem, was sie uns beibrachten.

Wir befanden uns im Krieg gegen die Nazis, deren Roheit und Ungerechtigkeit ich aus eigener Erfahrung kannte. Aber in der Schule und durch die Medien wurde uns die Vorstellung vermittelt, daß »unsere Seite« ausschließlich alle positiven, die Gegenseite ausschließlich alle negativen Werte verkörperte. Dabei wurden so manche Dinge, für die eigentlich unsere »gute Seite« verantwortlich war – zum Beispiel die oft recht grausame und ungerechte Kolonialherrschaft in Asien und Afrika –, nur behandelt, wenn die betreffenden Ereignisse weit genug zurücklagen. So konnten Menschen, die sich gegen diese Kolonialherrschaft nicht auflehnten, aber für den Kampf von Garibaldi oder die Französische Revolution ein Jahrhundert zuvor schwärmten, die Helden aktuellerer Ereignisse, zum Beispiel der Oktoberrevolution des Jahres 1917, in Bausch und Bogen als »Rohlinge«, wenn nicht gar als Verbrecher verurteilen und ablehnen. Für mich – umgeben von der behüteten Atmosphäre einer Internatsschule für »höhere Töchter« und im Familien- und Freundeskreis von Menschen, bei denen Wort und Tat einander nicht widersprachen – war es unvorstellbar, daß Helden, die im Kampf gegen Tyrannen wie Hitler, vor allem als Kommunisten, selbstlos ihr Leben riskierten, im Privatleben oft alles andere als »Idealmenschen« sein sollten. Ich hatte zwar viel gelesen über Menschen mit gutem Charakter, Intelligenz und Fähigkeiten, denen jedoch das Leben nie eine Chance gegeben hatte, sich Bildung und Kultur anzueignen, aber ich sah nicht bewußt den Zusammenhang damit und dem Umstand, daß gerade viele solcher Menschen im Kampf gegen Despotismus und Unrecht standen – nicht als Schlußfolgerung philosophischer oder moralischer Überlegungen, sondern ganz einfach weil sie keine andere Wahl hatten, um zu überleben. Ich war damals ein Schulkind; aber wie viele Erwachsene in jener Zeit – und auch später – haben sich vom Kommunismus, dessen Ideen sie aufrichtig ergeben waren und für die sie mit Mut gekämpft hatten, abgewandt, als sie sahen, daß seine Ideen nicht verwirklicht werden konnten ohne Begleiterscheinungen wie Grausamkeit, Ungerechtigkeit, Machtmißbrauch und kleinliche Bürokratie … Meine damals entstandene, undifferenzierte Einstellung und Naivität hat mir im Lauf der folgenden Jahre Ernüchterung, viel Schmerz und Bitterkeit verursacht.

Der Krieg kam immer näher heran an unsere friedliche Schuloase inmitten der grünen Felder der südenglischen Grafschaft Somerset. Wie Donnergrollen und Wetterleuchten vernahmen wir die Bombeneinschläge in der nahegelegenen Stadt Bristol Nacht für Nacht. Wir lagen in unseren Betten und hörten das unheilvolle Dröhnen der herannahenden deutschen Bomber, und am nächsten Morgen erfuhren wir aus den Rundfunknachrichten, was sie in den verschiedenen Teilen des Landes angerichtet hatten. Viele Väter meiner Mitschülerinnen kämpften in den bewaffneten Streitkräften. Immer wieder trafen Briefe mit traurigen Nachrichten über den Tod eines Vaters, Bruders oder eines Onkels ein.

In den Ferien erfuhr ich im Emigrantenclub, bei der »FöJ« oder aus den Zeitschriften ›Soviet War News‹ und ›Soviet Weekly‹ über die Kämpfe der Partisanen in Jugoslawien und Frankreich, die Widerstandsbewegung in Skandinavien und Holland und die Greueltaten der Nazis. Ich machte mir Gedanken darüber, daß all dies geschah und ich ein relativ problemloses Leben weitab davon führte; darüber konnte ich aber mit keinem sprechen. Hie und da machte ich Andeutungen zu meinem Vater, aber er sagte lediglich, ich könnte nur eins tun: viel und gut lernen, denn nach dem Krieg würde es überall an jungen Leuten fehlen, die Gelegenheit hatten, etwas zu lernen.

Hatte es noch wenige Jahre zuvor zum »guten Ton« gehört, anti-sowjetisch zu sein, so waren seit dem Eintritt der Sowjetunion in den Krieg auf der Seite der Alliierten auf einmal russische Musik, Literatur und Kunst die große Mode. Im Jahre 1942 schickte Miss Humphrey eine Mitschülerin namens Angela Bailey und mich einmal wöchentlich in das nahegelegene Dorf South Petherton zum Russischunterricht bei der Frau des Dorfpfarrers. Es war ein seltener Ausnahmefall, daß dieser englische Dorfpfarrer kurz vor dem Krieg in der Sowjetunion gewesen war, und ein noch seltenerer Ausnahmefall, daß er sich von dort eine Frau mit nach Hause nehmen konnte. Sie hatte in der Schule Englisch gelernt und beherrschte die Sprache recht gut. Ihre beiden kleinen Mädchen sahen wie aus einem russischen Märchenbuch aus – mit roten Kopftüchern, blond, helläugig und mit runden Gesichtchen, wie Obraszows Puppe »Tjapa«. Angela und ich tranken bei der Pfarrersfrau Tee aus dem Samowar, hörten mit Spannung zu, wenn sie über ihre Kindheit in der Sowjetunion erzählte, hatten viel Spaß am Lernen der Sprache und freuten uns von einer Woche auf die nächste. Als wir die Schule verließen, verabschiedete sie sich von uns mit Tränen und Umarmungen.

Miss Humphrey hatte noch andere Veranstaltungen vorgesehen, um unsere Bildung zu bereichern. Es gab damals vom Völkerbund – der ja bekanntlich 1945 durch die UNO ersetzt wurde – verschiedene Veranstaltungen für Jugendliche, darunter auch einen Schulungskurs unter dem Titel »Erziehung zum

Weltbürgertum« (education for world citizenship), einen Internatslehrgang für Schüler der oberen Klassen mit Vorlesungen von bekannten Wissenschaftlern und Politikern. In meinem Notizbuch von damals, das ich noch besitze, stehen die Namen: Sir John Boyd-Orr, Dr. Cecil Powell (Jahre später habe ich für ihn gedolmetscht, als er Präsident der Weltföderation der Wissenschaftler war), Prof. Fournier, Dr. Heinrich Fraenkel, Sir Ralph Wedgwood und andere. Die Themen der Vorträge lauteten zum Beispiel: »Wissenschaft und Gesellschaft«, »Wofür kämpfen wir in diesem Krieg?«, »Wirtschaftsprobleme«, »Der Aufstieg Hitlerdeutschlands«, »Der Fall der dritten und der Kampf um die vierte französische Republik«, »Koloniale Fragen«, »Der amerikanische ›New Deal‹«, »Sowjetische Experimente«, »Asien morgen – der Beitrag Chinas«, »Der Platz Großbritanniens unter den demokratischen Staaten«. Zu den von Arbeitsgruppen behandelten Themen zählten: »Die ILO«, »Wissenschaft und Zukunft«, »Das Problem Japan« und andere. Wenn ich meine Notizen von diesen Vorlesungen heute lese, bin ich erstaunt darüber, wie klar diese Wissenschaftler und Politiker damals so viele Entwicklungen voraussehen konnten, die in den folgenden 40 Jahren eintraten. Wieder wurden Angela Bailey und ich ausgewählt, unsere Schule bei diesem Lehrgang zu vertreten.

Dort lernte ich meinen ersten richtigen »boyfriend«, Christopher Wright, kennen, ein großer, sportlicher, gutaussehender Junge, blond, blauäugig, mit Stupsnase, ein fröhlicher, ungewöhnlich intelligenter, verständnisvoller Gesprächspartner. Bei endlosen Unterhaltungen auf abendlichen Spaziergängen durch die Felder rings um das Grundstück, wo der Lehrgang in einem großen, schloßartigen Herrenhaus stattfand, kamen wir uns sehr schnell näher. Es war ganz natürlich, daß wir auch nach dem Lehrgang befreundet blieben. Christopher lebte mit seinem Bruder Roger und seiner Mutter – sie war geschieden – in einem schönen Landhaus, nicht weit von Oxford entfernt. Ich war dort oft zu Besuch und fühlte mich bald wie zu Hause. Am besten gefiel mir der große Flügel, auf dem ich spielen durfte, und Christopher hörte voll Andacht stundenlang zu. Sein Bruder Roger verlobte sich, wurde eingezogen und ist kurz vor Kriegsende in Italien gefallen.

Christopher und ich wurden angesehen, als gehörten wir zusammen. Aber ich war gerade erst 16 Jahre alt und fest entschlossen, nach dem Krieg nach Österreich zurückzukehren. Ich hatte keine Absicht, mich schon damals mehr oder weniger auf ein Familiendasein festzulegen, noch ehe ich begonnen hatte, wirklich zu leben und etwas im Sinne der Ideen zu leisten, mit denen ich aufgewachsen war. Die Trennung tat weh – aber gerade damals kam ich in eine neue Schule, in der ich mich zwei Jahre lang auf die Aufnahmeprüfung für die

Universität vorbereitete. Diese Zeit in der Oxford High School und die nachfolgenden Jahre des Studiums an der Universität in Oxford zählen zu der erfülltesten Zeit meines Lebens. In meiner Klasse in der Oxford High School waren verschiedene sehr begabte Mädchen: Betty Jennings ist heute eine viel publizierte Dichterin; Rosemary Allen eine profilierte Literaturkritikerin; Margaret Cairns wurde Musikerin; Elly Horowitz leitet einen bekannten Kunstverlag – um nur einige zu nennen. Auch in dieser Schule fand ich, wie zuvor, Freundinnen, mit denen ich mein Leben lang eng verbunden blieb. Es war eine Zeit der Diskussionen, des intensiven Suchens nach dem Sinn des Lebens, nach der Rolle, die man selber im Leben zu spielen trachtete.

An mehreren Abenden in der Woche besuchte ich die Gruppe der Freien österreichischen Jugend, die sich im Emigrantenwohnheim in der New Inn Hall Street, im Zentrum von Oxford, traf, sowie einen marxistischen Zirkel dieser Gruppe. Die jungen Leute, die dorthin kamen, waren in verschiedenen Berufen tätig – in der Industrie, in der Landwirtschaft oder im Haushalt. Ganz wenige waren, wie ich, Schüler oder Studenten – aber wir alle stellten große Erwartungen an das Leben, wir konnten es kaum aushalten bis zu dem Moment unserer Rückkehr nach Österreich, wo wir etwas ganz Neues, etwas viel Besseres als je zuvor schaffen wollten. Alles lag noch vor uns. Es war wie im Theater: Noch war der Vorhang zu, voll Spannung saß man im Saal, langsam verlosch das Licht, der Vorhang ging auf: was würde man erleben? Vorfreude, heißt es, ist die schönste Freude; noch waren viele Illusionen nicht zerstört, noch konnte man voll Begeisterung hoffen, träumen, wünschen, in dem Glauben, alles wäre klar: schwarz oder weiß. Die dazwischenliegenden Grautöne, die Widersprüche, die Wirklichkeit hinter den Illusionen, die Enttäuschungen, die Bitterkeit – das alles lag damals noch in weiter Ferne. Wir diskutierten, musizierten, philosophierten, komponierten, dichteten, schrieben, rezitierten in vielen hellen Sommernächten im Mondlicht, an vielen langen Winterabenden in verrauchten Zimmern.

So wie viele junge Menschen in diesem Alter hatte ich mich in jenen Tagen häufig mit meiner Familie in den Haaren – vor allem mit meiner Mutter und meinem Bruder. Meine Mutter, überlastet mit Sorgen und Arbeit, war nervös, ihr Gesicht, ihre Stimme, ihre ganze Erscheinung wirkten für mich damals wie ein einziger Vorwurf. Sie paßte einfach nicht hinein in mein damaliges Dasein, das sorglos, interessant, spannend und abwechslungsreich war und sich außerhalb unserer Häuslichkeit abspielte. Meine Mutter arbeitete damals im Büro der Konsumgenossenschaft – als Frau in mittleren Jahren, mit Erfahrungen und einem schweren Leben, aus kultivierten, gebildeten Kreisen – zusammen mit

Mädchen von 15, 16 und 18 Jahren mit einem Minimum an Bildung und Kultur, aus den untersten Gesellschaftsschichten. Sie machten sich einen Spaß daraus, die »komische, alte Ausländerin« zu ärgern und zu beleidigen. Der morgendliche Weg zur Arbeit war für sie eine Qual. Oft hatte sie verweinte Augen. Hinzu kamen die ständigen Geldsorgen: Mein Vater, der damals einige Privatstunden gab, an einigen Tagen in der Woche in öffentlichen Krankenhäusern schwerbehinderte Kinder unterrichtete und pädagogisches Personal anleitete, verdiente wenig. Seine Einkünfte reichten nicht aus, um die Familie zu ernähren – zumal er immer wieder den Unterricht von behinderten Kindern übernahm, deren Eltern nicht in der Lage waren, ihn für seine Arbeit zu bezahlen.

Das Gehalt meiner Mutter im »Konsum« war sehr gering. Darum saß sie oft bis in die Nacht hinein an ihrer alten »Singer«-Nähmaschine und fertigte aus buntem Wachstuch kleine Taschen und Deckchen zum Verkauf an einen recht bedeutenden Kreis von Privatkunden. Wie sie mit alledem sowie mit der Hausarbeit fertig wurde, weiß ich nicht; mein Vater war sehr ungeschickt und auch uninteressiert an häuslichen Dingen, ich war diesbezüglich ein Ausbund an Egoïsmus, und nur mein Bruder erbarmte sich hie und da bei der Erledigung häuslicher Pflichten. Er war damals recht unglücklich. Die »Grammarschool«, das Gymnasium, das er besuchte, lag ihm gar nicht. Er hatte immer davon geträumt, einmal Geiger zu werden, er spielte schon als Kind recht gut auf diesem Instrument, doch dieser Wunsch sollte ihm nicht erfüllt werden: Er war gutmütig und weichherzig und hatte nicht die Härte und Rücksichtslosigkeit, um sich durchzusetzen. Die Abbatts, unsere »zweiten Eltern«, hatten für ihn wenig Verständnis, das Verhältnis blieb immer kühl zwischen ihnen, während sie für mich, besonders in jener Zeit, die engsten Bezugspersonen waren: Sie standen mitten im politischen Leben, waren umgeben von interessanten Vertretern der fortschrittlichen englischen und kontinental-europäischen Intelligenz – und sie hatten bessere Nerven und mehr Geduld als meine Eltern, weil sie keine vergleichbaren Belastungen zu ertragen hatten. Ich muß gestehen, daß ich mich damals meiner Familie gegenüber kaltherzig und selbstsüchtig verhalten habe, ohne es eigentlich zu wissen und zu wollen; und so gab es in jenen Jahren zwischen uns eine Entfremdung, meine Familie trat zeitweilig in den Hintergrund meines Lebens. Erst viel später habe ich das alles erkannt; da war es aber schon zu spät.

Ich wurde Studentin im St. Anne's College der Oxforder Universität. Für den Besuch der Lehrveranstaltungen in den Hauptfächern (in meinem Fall deutsche und französische Sprache und Literatur des späten 19. und frühen

20. Jahrhunderts) wurde mir eine Kommilitonin namens Otti Krall zugeteilt, ebenfalls Emigrantenkind, die, wie unsere Dozentin im Fach deutsche Literatur, eine Frau Dr. Blochmann aus Düsseldorf, auch aus dem Ruhrgebiet stammte. Diese Lehrveranstaltungen wurden »tutorials« genannt und zu zweit mit dem als »tutorial partner« zugeteilten Kommilitonen besucht. Außerdem nahm ich an Seminaren teil (für die Fächer Konversation, Übersetzung und Altsprachen), mit jeweils etwa einem Dutzend Studenten je Lehrveranstaltung, und an Vorlesungen, die oft so überfüllt waren, daß man auf Fensterbrettern sitzen oder einen Stehplatz einnehmen mußte. In jener Zeit unterrichteten vor allem an den Universitäten von Oxford und Cambridge neben hervorragenden britischen Akademikern einige der besten Gelehrten aus europäischen Hochschulen, die als Emigranten in England lebten. Dazu zählte auch Prof. Dr. Stahl aus München, bei dem wir Vorlesungen über deutsche Literaturgeschichte hörten. Der Zustrom war so groß, daß man kaum Platz finden konnte. Die Diskussionen bei diesen Veranstaltungen waren hitzig bis zum äußersten. Die Jugend war voller Hoffnungen und Fragen, und Prof. Stahl regte durch seine Ausführungen und Antworten zum Nachdenken und selbständigen Schlußfolgern an, erweckte unseren Wissensdurst und Lerneifer.

Bei unseren »tutorials« zu zweit bekamen wir ein Thema, über das wir einen Aufsatz zu schreiben hatten, den wir dann, unter Anleitung unseres »tutors« Frau Dr. Blochmann, gegenseitig kritisierten. Oftmals kam es dabei zu leidenschaftlichem Disput, die Veranstaltung zog sich in die Länge. Ich weiß nicht, ob bei der heutigen, um vieles größeren Anzahl der Studenten diese Regelung weiterbestehen kann und wenn, dann wohl kaum im Verhältnis von zwei Studenten zu einem »tutor«, was natürlich eine sehr gründliche Behandlung der jeweiligen Themen ermöglichte. In den letzten Jahren war ich öfter in Oxford zu Besuch. Die Studienbedingungen heute haben sich seit jener Zeit sehr verändert: damals waren Schulen, wie »CSH« oder die Oxford High School sowie die Universität von Oxford, für weniger als 10 Prozent der britischen Jugend der entsprechenden Altersgruppen zugänglich. Heute hat die ungleich größere Zahl der Stipendien den Kreis der Studierenden um ein Vielfaches erweitert. Das bewirkt natürlich andere zahlenmäßige Verhältnisse bei den Lehrveranstaltungen, eine andere, sehr viel weniger persönliche Beziehung zwischen Lehrkräften und Studenten und daher eine ganz andere allgemeine Atmosphäre in der Stadt insgesamt. Hinzu kommt, daß Oxford heute vollgestopft ist mit Autos und Touristen aus aller Welt, die zusammen mit den vielen neuentstandenen Geschäften das traditionelle Stadtbild und Fluidum der alten Universitätsstadt etwas in den Schatten gestellt haben.

In den schönen Jahren meiner Studentenzeit verbrachte ich auch viele lebhafte Abende im »refugee centre«, dem Emigrantenclub in der St. Philip's and St. James' Church Hall. Es wurde über Kunst, Musik, Literatur und politische Fragen gesprochen, vor allem über die Frage, wie die Zukunft Österreichs aussehen sollte. Wir alle hatten die Vorstellung, daß es nach dem Sieg über Hitler in Österreich – auch in Deutschland und der Tschechoslowakei – zu einem großen Schwung nach links kommen würde; es schien uns, die Welt hätte doch deutlich genug gesehen, wohin Gesellschaftsordnungen geführt hatten, die Kreaturen wie Hitler ermöglichten, an die Macht zu kommen und einen Krieg zu entfesseln, in dem 20 Millionen Menschen allein in der Sowjetunion und 6 Millionen Juden zu den 50 Millionen Opfern zählten. Wir hatten unterschiedliche Vorstellungen darüber, wie dieser »Schwung nach links« aussehen sollte; jedenfalls waren sie grundlegend anders als das, was schon wenige Jahre später in Österreich, Deutschland, der Tschechoslowakei und in den übrigen Ländern Europas Wirklichkeit werden sollte.

In der Nacht vom 7. zum 8. Mai 1945 wurde ich von ungewohntem Lärm geweckt: Eisenbahnen tuteten, Autos hupten, Kirchenglocken läuteten. Ich lief zum Fenster. Die Menschen waren aus ihren Betten auf die Straße gelaufen, im Nachtgewand, mit wirrem Haar, sie lachten, weinten, umarmten sich: Der Krieg war aus – es war Frieden!! Eine neue Etappe der Weltgeschichte war soeben angebrochen …

Nach Abschluß meines Studiums trat ich meine erste Stellung an. Die Tochter meiner Wirtin, bei der ich während des Studiums ein Zimmer bewohnte, hatte mir die Stellung an der kleinen Privatschule vermittelt, an der sie selber Lehrerin war. Mary Harrison – eine große, stattliche Frau mit milden grau-blauen Augen in einem runden Gesicht, umrahmt von einem dunkelblonden Haarkranz, war damals etwa vierzig Jahre alt. Sie war kurz vor dem Krieg aus Südafrika zurückgekehrt. Mit der ehrlichen Absicht, afrikanischen Mädchen etwas beizubringen, das sie für ihr Leben brauchen könnten, war sie – eine überzeugte Christin – als qualifizierte Lehrerin an eine Missionsschule in Südafrika gegangen, hatte dann jedoch aus Abscheu und Protest gegenüber dem schändlichen Rassismus, gegen den sie sich jedoch machtlos fühlte, das Land verlassen, nachdem sie eine Generation junger Afrikanerinnen erzogen und als Lehrerinnen ausgebildet hatte. Diesen jungen Menschen hatte sie die Entschlossenheit vermittelt, sich mit der Rassendiskriminierung nicht abzufinden.

In England arbeitete Mary auch wieder als Lehrerin; zu der Zeit, als sie mir meine erste Stellung vermittelte, unterrichtete sie englische Sprache und Literatur an besagter Schule, die einer Miss Crane gehörte. Wenn diese in leicht nach vorn gebeugter Haltung umherstampfte und ihr das glatte, graumelierte Haar mit Seitenscheitel in Strähnen ins Gesicht fiel, so daß eins ihrer kleinen, dunklen, stechenden Augen immer fast verdeckt war, erinnerte sie mich ... an Adolf Hitler im Kleinformat und weiblicher Gestalt. Mary schrieb mir, als ich schon lange nicht mehr an dieser Schule war, daß Miss Crane in ihrem Verhalten tatsächlich immer »hitlerischer« geworden sein soll.

In jenen Jahren war es noch möglich, daß an einer englischen Privatschule Personen als Lehrer beschäftigt werden konnten, die keinerlei Lehrbefähigungsnachweis besaßen. In jener Schule – ihre Eigentümerin hatte sie nach sich selber »Crane's Court« benannt – unterrichteten, abgesehen von wenigen Hochschulabsolventinnen, Frauen, von denen einige nicht sehr viel mehr Ahnung von ihrem Fach hatten als so manche ihrer Schüler. Die Bezahlung hing vom guten Willen der Arbeitgeberin ab, die in keiner Weise verpflichtet war, ihren Angestellten bei Krankheit oder Urlaub etwas zu bezahlen. Natürlich gab es dadurch beträchtliche Unterschiede im Niveau der Privatschulen, von denen einige von hoher Qualität waren, zum Beispiel in den Schulen der Quaker und anderer Religionsgemeinschaften, in »Experimentalschulen«, geleitet von neuerungsfreundlichen Pädagogen, und auch in den sogenannten »public schools« – die nicht, wie ihre Bezeichnung vermuten läßt, öffentliche Schulen sind, sondern exklusive Privatschulen mit sehr hohen Gebühren und einigen wenigen Stipendienschülern. Die staatlichen Schulen, deren Besuch kostenlos war, gaben ihren Schülern kaum mehr mit auf den Lebensweg als Grundkenntnisse im Lesen, Schreiben und Rechnen, und oft kaum das. Wer es sich leisten konnte, suchte darum eine Privatschule für seine Kinder, in der Hoffnung, daß diese dort eine bessere Ausbildung erhielten. Erst im Jahre 1949 wurde in Großbritannien ein neues Schulgesetz eingeführt, wonach Minimalgehälter, Urlaubs- und Krankengeldbezahlung festgelegt wurden und bestimmt wurde, daß nur vollausgebildete Lehrer an Schulen beschäftigt werden durften.

Als ich 1947 in »Crane's Court« zu arbeiten anfing, mußte ich dankbar sein, überhaupt eine Stellung gefunden zu haben. Ich bekam vier Pfund die Woche, weder Krankengeld noch bezahlten Urlaub, aber eine verhältnismäßig günstige Arbeitszeit: von 9 bis 15 Uhr; das war natürlich nur die »erste Schicht«, dann mußten zu Hause noch Hefte durchgesehen, der Unterricht für den kommenden Tag vorbereitet und der eigene Haushalt besorgt werden. Wenn ich von der Schule nach Hause kam, war ich völlig erschöpft. Der Hals tat mir vom Sprechen weh, die Füße schmerzten vom Stehen. Hinzu kam, daß ich keineswegs nur mein Fach – Französisch – zu unterrichten hatte, sondern auch in anderen

Fächern, für die Miss Crane eine Lehrerin brauchte: Lesen und Schreiben für Anfänger; Englisch und Geschichte, wenn Fachlehrer für diese Fächer fehlten.

Schon immer gehörten die Werke des sowjetischen Pädagogen A.S. Makarenko (1888–1939) zu meinen Lieblingsbüchern, und vieles, das ich bei ihm gelesen hatte, wurde mir gerade in dieser ersten Zeit meiner beruflichen Arbeit sehr nützlich. Ich versuchte, seine Methoden bei der konstruktiven Nutzung der besonderen Eigenschaften jedes Kindes anzuwenden, eine äußerst schwierige Aufgabe, die mich oft fast zur Verzweiflung brachte. Lange habe ich nicht in dieser Schule gearbeitet. Gerade als es mir gelungen war, ein Vertrauensverhältnis zu meinen Schülern herzustellen, wurde ich entlassen: Nach dem neuen Schulgesetz von 1949 hätte Miss Crane mir mehr Gehalt, Urlaubs- und Krankengeld bezahlen müssen, und das ist ihr zu teuer gewesen; außerdem hätten sich angeblich einige Eltern beschwert, weil ich die Kinder mit »rotem Gift« verseuchte. Miss Crane entließ mich zwar mit schönem Zeugnis und vielen Lobesworten, aber ich wußte, daß ich an keiner anderen Schule in Oxford wieder Arbeit finden würde.

Kurz danach fuhr ich mit dem Fahrrad zu einer Adresse in der Iffley Road in Nord-Oxford, die ich in der Lokalzeitung unter den Annoncen gefunden hatte: Ein städtischer Kindergarten suchte eine Hilfskraft zur Betreuung problematischer Kinder. Die Arbeit war schwerer und viel schlechter bezahlt als in der Schule, aber ich hatte keine Wahl. In der Einrichtung, die mich für die kommenden Monate beschäftigte, waren Kinder im Alter von drei bis sechs Jahren untergebracht, die keiner wollte: Voll- oder Halbwaisen und Kinder von Eltern, denen man das Sorgerecht entzogen hatte. Meine Aufgabe bestand darin, diese Kinder zu befähigen, in einen »normalen« Kindergarten aufgenommen zu werden – eine äußerst schwere Aufgabe für jemanden ohne Erfahrung, selbst für einen erfahrenen Pädagogen, und das für weniger Geld als für einen Straßenkehrer. Dennoch war ich entschlossen, diese Arbeit so gut wie möglich zu leisten und diesen ungewollten kleinen Wesen etwas menschliche Wärme zu geben, ihnen die Grundlagen der Selbstachtung, der menschlichen Solidarität und der Zivilcourage zu vermitteln.

Es vergingen drei Monate. Die Kinder hatten sich gerade an mich gewöhnt, und es war mir gelungen, sie von einer Horde brüllender, zankender Wilder in Menschlein zu verwandeln – da kam ich zu meiner Arbeit, und der Raum war leer. Eine Routineinspektion hatte am Vortag stattgefunden, nachdem meine Arbeitszeit bereits beendet war. Die Kinder waren als fähig befunden worden, einen »normalen« Kindergarten zu besuchen. Der Mohr hatte seine Schuldigkeit getan, der Mohr konnte gehen ...

Kurz nach Abschluß meines Studiums heiratete ich den Künstler Josef Brück. Ich hatte ihn in der österreichischen Jugendgruppe kennengelernt. Am Anfang standen romantische Illusionen meinerseits und eine Trotzhaltung gegenüber meiner Mutter, die schnell erkannt hatte, daß aus dieser »Zweisamkeit« auf die Dauer nicht viel werden konnte; denn es gibt Menschen, die aus verschiedenen Gründen eben nicht zusammenpassen. Meine Erziehung hatte mich dazu bewogen, fest zu glauben, daß eine Frau auf jeden Fall dazu verurteilt wäre, zu »dulden«, ihren einmal geehelichten Mann hinzunehmen und ihm treu zu bleiben bis zum Grabe. Später ging diese Ehe dadurch in die Brüche; denn ich war zwar beharrlich, aber keine passive Duldernatur.

Ich hatte die feste Absicht, nach dem Krieg wieder in Österreich zu leben. Darauf hatten wir uns in der österreichischen Jugendgruppe vorbereitet. Nun war ich inzwischen verheiratet, und bei den Bemühungen um die für die Rückkehr notwendigen Papiere stellte sich heraus, daß mein Mann kein Anrecht auf einen österreichischen Paß hatte, da seine Eltern aus einem Teil der ehemaligen österreichisch-ungarischen Monarchie nach Wien gekommen waren, der seit 1945 zur Sowjetunion gehörte. Seine Eltern und Geschwister waren von den Nazis verschleppt worden, und es war damals unbekannt, ob sie überhaupt noch am Leben waren. Wir beschlossen, das sowjetische Konsulat in London aufzusuchen und uns um die Möglichkeit zu bemühen, in der Sowjetunion ein neues Leben aufzubauen. Für mich war dieser Gedanke damals äußerst verlockend und erregend – war doch gerade dieses Land seit meiner frühesten Jugend die Verkörperung aller Ideale, mit denen ich aufgewachsen war. Mit stockendem Atem hatte ich damals oft vor dem Radio gesessen und durch die atmosphärischen Geräusche hindurch die mächtige Stimme des Ansagers Juri Lewitan vernommen: »Goworit Moskwa! Goworit Moskwa!« Obwohl ich kaum mehr als vereinzelte Worte verstand, entsprach diese Stimme meiner Idealvorstellung, vermittelt durch meine Erziehung und Umwelt im Elternhaus, durch Bilder, Bücher und Filme. Und nun schien die Möglichkeit, gerade in diesem Land zu leben und zu arbeiten, greifbar nahe!

Wir lernten Russisch; auf dem Fußboden unseres Zimmers lag eine große Landkarte der Sowjetunion, und wir träumten von einer Zukunft, in der wir uns mit Buchhelden aus den Werken von Gorki, Fadejew, Gladkow oder Ehrenburg identifizierten. Unsere Uhren gingen nach Moskauer Zeit … Eines Tages machten wir uns dann auf den Weg. Mit dem Fahrrad fuhren wir die 60 Meilen von Oxford nach London. Dort zogen wir uns in einer Toilette die besseren Kleider an, die wir in Fahrradtaschen mitgenommen hatten. Während mein Mann, der ja Künstler war, mit einigen seiner schönsten Bilder unter dem

Arm im Gebäude der sowjetischen Botschaft verschwand, wartete ich in einem kleinen Kaffeehaus in der Nähe. Mir war ganz schwindelig vor Aufregung. Es schien mir eine Ewigkeit, bis er wieder auftauchte – mit gerötetem Gesicht und strahlenden Augen. Er erzählte, daß man ihn sehr freundlich empfangen und angehört habe, daß der Konsul, ein jüngerer, sympathischer Mann, noch andere seiner Kollegen herbeigeholt habe, die wohl sehr beeindruckt von den Bildern gewesen seien. Schließlich habe der Konsul ihm gesagt, daß die Sowjetunion, die die Blüte ihrer Jugend im Krieg verloren habe, junge, begabte Menschen brauchen könne. Wir sollten fleißig Russisch lernen und warten: es gebe eventuell die Möglichkeit, uns auf die Liste der im Ausland verstreuten Sowjetbürger zu setzen und zu »repatriieren«. Uns war es im Grunde nicht wichtig, in welchem Teil jenes riesigen Landes des Kommunismus wir ein neues »Zuhause« finden sollten. Wir hatten damals keine Ahnung von den wahren Verhältnissen, die dort herrschten – vor allem nach dem verheerenden Krieg, dessen Ausmaße dort alles, was wir in England erlebt hatten, um ein Vielfaches übertrafen. Wir hatten keine Ahnung von dem Mißtrauen gegenüber Ausländern, noch dazu aus deutschsprachigen Gebieten; von der Einstellung gegenüber Juden und Zigeunern unter breiten Kreisen der Bevölkerung, Erscheinungen, die man teilweise auch heute noch, vierzig Jahre nach jener Zeit, dort antreffen kann, die wir aber damals, in Unkenntnis und blindem Idealismus, in unserer Vorstellung nur mit Hitler und den Nazis verbanden: Dies hatten wir ja am eigenen Leib erfahren müssen.

In den Jahren von 1947 bis 1949 begann nun die Zeit des großen Wartens, voll Ungeduld, Aufregung, voll von Hoffnungen und Träumen. Damals wußte ich nicht, daß dies erst der Anfang des langen Wartens war, das die folgenden Jahrzehnte bringen würden: Warten bei Behörden, auf Stempel, Papiere und Unterschriften von »maßgebenden Herren« (»Kollegen«, »Genossen«), die immer gerade in einer Besprechung, Beratung, Versammlung, auf Dienstreise, im Urlaub oder erkrankt waren, wenn man endlich bestellt war; Warten auf endgültige Auskunft über die Zuteilung einer Arbeit; Warten auf Bescheid über die Annahme oder Ablehnung einer geleisteten Arbeit; stundenlang, tagelang, wochenlang, jahrelang … immer wieder warten …

Nach jenem ersten Gespräch vergingen nur wenige Wochen, bis wir ein Schreiben mit dem Absender der Botschaft der UdSSR erhielten, unterzeichnet von einem Mann namens Juri Filimonow; uns wurde mitgeteilt, daß wir auf der Repatriierungsliste stünden und nun geduldig auf eine weitere Nachricht warten sollten. Zwischen Weihnachten und Neujahr wurden wir sogar in aller Form zu einem Neujahrsempfang bei der sowjetischen Botschaft eingeladen, für

»im Ausland lebende Sowjetbürger«. Es war eine Einladung in russischer Sprache. Wir behandelten sie wie ein Kleinod.

Am Tage des Empfangs – es war eiskalt, der Winter 1947/48 war einer der strengsten Winter in England – packten wir unsere besten Kleidungsstücke und Schuhe in unsere Fahrradtaschen, strampelten auf den Fahrrädern die 60 Meilen von Oxford nach London und schoben unterwegs keuchend die Räder den Hügel bei High Wycombe hinauf. Ich erinnere mich, wie wir bei der schmackhaften heißen Suppe mit Leberknödeln im »Austrian Centre« in Paddington, London, auftauten. Diesmal wurden die Räder angekettet abgestellt und mit der Alltagsgarderobe im »Austrian Centre« gelassen, und dann begaben wir uns, diesmal zu zweit, zur sowjetischen Botschaft. Die Veranstaltung sollte um 17 Uhr beginnen; um 15 Uhr waren wir bereits vor der Tür. Der Frost stach ins Gesicht, Schneeflocken wirbelten durch die Luft, und der eisige Wind drang bis in die Knochen. Natürlich konnte man nicht einfach zwei Stunden zu früh erscheinen – also liefen wir zwei Stunden lang immer wieder um das Gebäude herum. Meine Füße waren schon ganz gefühllos vor Kälte, als wir dann endlich hinter einem fülligen, älteren Ehepaar, das in dicke Pelzmäntel gehüllt war und einem großen, schwarzen Auto entstiegen war, das Gebäude betraten. Mir war, als träumte ich: da war ein großer, warmer Raum mit einem weichen Teppich, der alle Geräusche schluckte, von irgendwo erklang leise Musik – es war das Lied »Poljuschka, Polje«, das ich erstmals einige Jahre zuvor auf einer Schallplatte im Landhäuschen von Paul und Marjorie Abbatt in Ibstone bei High Wycombe gehört hatte. Dieses Lied war für mich mit der Vorstellung von legendären Partisanen verbunden, über die ich in der Erzählung »Die Neunzehn« von Fadejew gelesen hatte. Als ich erfuhr, daß wir die Erstaufführung des Films »Die junge Garde« sehen sollten, zersprang mir fast das Herz vor Freude. Die vielen eleganten Menschen bewegten sich lautlos in dem Raum, vorbei an Palmen in großen Blumentöpfen in den Ecken. Wir drückten uns verlegen hinter einen dieser Blumentöpfe, und dann erschien der Konsul. Er begrüßte jeden einzelnen sehr herzlich, schüttelte auch uns die Hand und sagte auf englisch: »Ihr werdet fleißig Russisch lernen ... und die Zeit vergeht sehr schnell ...«

Dann gingen wir alle eine breite Treppe hinauf, die mit einem roten Samtteppich ausgelegt war, vorbei an zwei großen Bildern – eins von Lenin auf der einen Seite, eins von Stalin auf der anderen – in einen Kinosaal. Die Lichter erloschen langsam, der glitzernde Vorhang ging auf, und wir erlebten auf der Leinwand das, was erst so kurze Zeit zuvor in der Ukraine geschehen war. Junge Menschen meines Alters, einige noch jünger, waren, während ich wohlbehütet in der Schule gelernt, Tennis gespielt und allerhand Unfug getrieben hatte, an Kämpfen beteiligt gewesen, bei denen sie mehr Reife und Mut gezeigt hatten als so mancher Erwachsene – und bei denen viele von ihnen auf grausame Weise ums Leben gekommen waren. Nicht zufällig, sondern ganz bewußt waren sie in den Tod gegangen. Niemand hatte sie gezwungen oder auch nur aufgefordert, diesen Weg zu gehen. Die jungen Schauspieler, die sie darstellten, standen den Ereignissen jener Zeit sehr nahe. Wahrscheinlich waren sie deshalb so überzeugend. Wir waren von diesem Film zutiefst erschüttert. Als wir die Veranstaltung verließen, war es schon spät, und wir fuhren auf unseren Fahrrädern durch die kalte Winternacht, aber mir war warm vor Erregung: Ich fühlte mich zugehörig zu dem, was wir an diesem Tag erlebt hatten. Für mich war es eine sichere Sache, daß wir schon bald in die Sowjetunion fahren und dort ein neues, schönes Leben beginnen würden. Schließlich hatte man uns ja auf Russisch zu dieser Veranstaltung für Sowjetbürger eingeladen.

Nachdem ich meine Arbeit im Kindergarten verloren hatte, schrieb ich einen Brief an die sowjetische Botschaft und fragte an, ob in unserer Sache schon eine Entscheidung in Sicht wäre. Ich schilderte unsere Lage: ein junger Künstler, so gut wie ohne Aufträge, und ich zur Zeit ohne Arbeit. Der Brief wurde recht schnell und sehr freundlich beantwortet: wir wurden ermutigt, noch etwas auszuharren. Und dann – Anfang 1949 – ein weiterer Brief von der diplomatischen Vertretung der UdSSR in Großbritannien – auf englisch, kurz, knapp, formell, unterzeichnet mit einem Namen, den ich nicht entziffern konnte: Nach neuen Gesetzen könnten ab jetzt Personen nur dann »repatriiert« werden, wenn sie Angehörige oder vertrauenswürdige Bürgen in der UdSSR hätten ... Wir hätten das Recht, nach drei Jahren einen erneuten Antrag zu stellen. Punkt.

Ein Traum ging jäh zu Ende.

Was nun? Ich war noch nie ein Mensch, der ohne weiteres aufgibt.

Es mußte ein anderer Weg gefunden werden. Ich schrieb Briefe an sämtliche Vertretungen der neuentstandenen sozialistischen Länder Europas – mit der Illusion, daß dort überall der Kommunismus Einzug gehalten hätte und den Menschen eine hoffnungsvolle Zukunft böte. Die englischen Medien bezeichneten die Regierungen dieser Länder Osteuropas als kommunistisch, und nach meinen damaligen Überzeugungen bedeutete das, daß es in diesen Ländern keine menschenfeindlichen Bürokraten, keine Ungerechtigkeit, keine Diskriminierung, keinen Machtmißbrauch, keine Heuchelei, vor allem keinen Antisemitismus und dergleichen geben konnte. Ich glaubte fest daran, daß junge Menschen, die der Vernichtung durch die Nazis entgangen waren und jetzt eine neue »Zugehörigkeit« und neue Aufgaben suchten, nachdem die Ereignisse der vergangenen Jahre eine Rückkehr in das Land ihrer Herkunft nicht ermöglichten, mit offenen Armen aufgenommen würden: hatte doch der Krieg so viele fähige junge Menschen vernichtet. Wir waren entschlossen, bei der Schaffung eines Lebens ohne Verfolgung, Ausbeutung und Unrecht nach besten Kräften mitzuhelfen. Wir empfanden, daß wir das unserem Schicksal schuldig waren, nachdem es uns erlaubt hatte, den Kaminen von Auschwitz zu entgehen und etwas zu lernen, das nach dem Krieg von Nutzen sein konnte. In England waren wir Ausländer. Ich fühlte mich zwar sehr stark mit dem dortigen Leben verbunden – durch meine Schul- und Studienzeit, meine Freunde und meine »zweiten Eltern«, die Abbatts –, aber ich hatte immer mit der Vorstellung gelebt, daß ich so bald wie möglich nach Wien zurückkehren würde. Ich muß allerdings zugeben, daß ich damals immer an Wien gedacht hatte – so wie es war, als ich es verlassen hatte; dabei hatte sich Wien natürlich nach sieben Jahren Naziherrschaft und Krieg sehr verändert. Das Vorkriegsleben gab es nicht mehr, und sehr viele meiner ehemaligen Freunde und Verwandten waren für immer aus Wien verschwunden. Wenn ich das bedachte, war immer zugleich die Vorstellung zugegen, daß alles nicht nur wieder hergestellt, sondern um vieles verbessert und erneuert werden könnte; auch in unserer kleinen Gruppe der Freien österreichischen Jugend in Oxford gab es viele junge Menschen, die ebenso dachten. Da diesen Plänen nun meine Heirat entgegenstand und ich es als meine Pflicht erachtete, meinen Mann zu begleiten und ihm zu helfen, seine Kunst durchzusetzen, hatte ich neue Träume und große Erwartungen. Aber – der erste Traum war nun ausgeträumt.

Auf keinen Fall gewillt, aufzugeben, hatte ich nun diese Briefe geschrieben, wieder voll Hoffnung und Optimismus; leidenschaftlich, aus ehrlichem Herzen. Für keinen einzigen hatte ich auch nur eine Empfangsbestätigung erhalten.

Eines unserer wertvollsten Hochzeitsgeschenke war ein Philips-Radioapparat. Auf Kurzwelle war Radio Moskau einigermaßen klar zu empfangen, und auf Mittelwelle konnte man viele Sender aus allen Teilen Europas hören. Eines Tages saß ich mit Mittelohrentzündung und einem Verband um den Kopf im Bett und strickte einen Pullover. Aus dem Radio erklangen deutsche Arbeiterlieder. Ich hörte eine Direktübertragung aus Leipzig, wo gerade das dritte Parlament der FDJ eröffnet wurde. Gerhart Eisler, der soeben im sowjetisch besetzten Teil von Deutschland eingetroffen war, nach seiner abenteuerlichen Flucht mit dem polnischen Schiff »Batory« vor den »Hexenjägern« in den USA, wurde auf den Schultern einiger FDJler unter stürmischem Applaus in den Saal getragen. In seiner Ansprache begeisterte er die jungen Menschen für die hoffnungsvolle Zukunft in einem befreiten, demokratischen Deutschland, das einen Schlußstrich unter die Nazivergangenheit ziehen würde. Auch ich war mitgerissen von Eislers Worten. Ich zerrte den Verband vom Kopf, sprang aus dem Bett, zog mich an, ging aus dem Haus und beschaffte mir mit Hilfe eines Verehrers aus der Studienzeit Reisepapiere für einen kurzen Aufenthalt in Westdeutschland. War man erst einmal irgendwo in Deutschland, so dachte ich, dürfte es wohl kaum zu schwierig sein, in den sowjetisch besetzten Teil des Landes zu gelangen – und von dort aus in die Sowjetunion; sollten sie mich meinetwegen eine Weile einsperren, sie konnten mich ja nicht kennen, aber sowjetische Kommunisten wären ja gerecht und anständig; sie würden bald merken, daß ich kein Feind war, und mich freilassen …

Zwanzig Jahre später habe ich erlebt, wie der Bruder meines Mannes wieder auftauchte. Im Jahre 1938 war er aus Wien zu seiner Großmutter nach Polen geflüchtet. Bei Kriegsausbruch sperrten die Nazis ihn in ein Lager. Im Herbst 1940 gelang ihm erneut die Flucht. Ausgehungert und zerschlagen, durchschwamm er in Sträflingskleidung nachts das eisige Wasser des breiten Bug, entschlossen, sich in die Sowjetunion durchzuschlagen, um sich als Freiwilliger zur Roten Armee zu melden und die Nazis bis zum letzten Atemzug zu bekämpfen. Die sowjetischen Grenzposten, denen er sich stellen wollte, waren betrunken. Als er sagte, er sei ein Jude, der aus einem Nazilager geflüchtet sei, hatten sie ihn fast totgeschlagen und ihn angebrüllt, daß die Nazis ihnen die Mühe hätten ersparen können. Ein nüchterner Offizier rettete sein Leben. Wegen »illegalem Grenzübertritt« wurde er jedoch zu zwölf Jahren Zwangsarbeit in Sibirien verurteilt …

Davon hatte ich im Jahre 1949 nichts gewußt; und wenn mir jemand damals so etwas erzählt hätte, wäre ich wahrscheinlich nur wütend geworden und hätte die Begebenheit auf keinen Fall geglaubt. Wir verkauften unser Hab und Gut; was nicht verkauft und eingepackt wurde, ist schon längst auf einer Müllhalde in Kennington bei Oxford verfault. Wir erwarben in einem »Army Surplus«-Laden ausrangierte Armeefahrradtaschen aus sehr grober, fester Leinwand mit großem Fassungsvermögen und packten das Notwendigste für die Reise ein. Freunde kramten in ihren Truhen und Fächern und gaben uns einige belgische Münzen mit auf den Weg. Das war von Bedeutung, denn zu jener Zeit fand die erste große Abwertung des englischen Pfundes nach dem Krieg statt. Mit dem Erlös der verkauften Sachen und den belgischen Münzen – sie waren durchlöchert und konnten als Halskette getragen werden – begaben wir uns auf den Weg: per Fahrrad – ausgerüstet mit Jugendherbergskarten und Fahrausweisen für den Transport über den Ärmelkanal als »Gepäck«, damals für den Preis von fünf Pfund je »Stück«. An einem strahlenden Septembermorgen des Jahres 1949 ging die Fahrt los.

England war schnell durchquert. Auf dem Weg von Oxford nach Dover gab es nur eine Übernachtung in einer Jugendherberge. Mit den Studenten und anderen jungen Menschen dort führten wir bis in die Nacht hinein Gespräche über den Sinn des Lebens, über Begriffe wie »Freiheit«, »Demokratie«, »Gerechtigkeit«; über Religion, Politik, über alles eben, was damals, kurz nach dem Krieg, junge Menschen bewegte. Die Jugendherberge befand sich in einem ehemaligen herrschaftlichen Landsitz, in einem riesigen Park, mit Schwimmbad, Tennisplätzen und eigener Wirtschaft. Die Milch zum Frühstück war wunderbar sahnig und frisch.

Als »Frachtgut« über den Ärmelkanal zu reisen, war zwar am billigsten, aber alles andere als angenehm. Nach wenigen Stunden wurden wir, zwischen Kisten und Säcken, in Belgien ausgeladen. Wir und die Fahrräder schaukelten, an einem Kran befestigt, aus luftigen Höhen zur Erde. Ein auf flämisch fluchender Kutscher, dessen polternder Pferdewagen uns fast überrollte, belehrte uns darüber, daß, im Gegensatz zu den glatten, asphaltierten Straßen in England, auf dem belgischen Kopfsteinpflaster rechts gefahren wurde.

Bis zur nächsten Jugendherberge in Brügge waren 27 Kilometer zurückzulegen. Übernachtung und café filtre zum Frühstück wurden mit einigen der durchlöcherten belgischen Münzen bezahlt. Von Brügge bis Brüssel betrug die nächste Etappe etwa 100 Kilometer. Es war heiß, die Straßen holprig, und bald hatten wir die erste Panne. Mein Kleid bekam einen großen Riß bei dem Versuch, von einem Baum ein paar rote Äpfel herunterzuholen. Wir hatten Hunger und wollten von den paar belgischen Franken und unserem »Kapital« von 54 englischen Pfunden so wenig wie möglich ausgeben. Den Riß und den malerischen Schmutz an meinem Kleid bemerkte jedoch erst die Concierge des vornehmen Appartementhauses am Boulevard Brandt-Whitlock in Brüssel, wo wir die Verwandten von Freunden in England aufsuchen wollten. Die Concierge musterte uns zwei wenig Vertrauen einflößenden Figuren, die in tiefster Nacht mit Fahrrädern aufgetaucht waren, mit abweisendem, verächtlichem Blick, schloß jedoch aus unseren in England ausgestellten Papieren und unserer Absicht, auf M. und Mme. Heiber zu warten, daß wir »reiche Engländer« sein müßten. Sie war »Frau von Welt« genug, um zu wissen, daß reiche Engländer oft zerlumpt, zerlumpte Engländer vielfach reich waren ... Als irgendwo in der Nähe eine Kirchturmuhr die dritte Morgenstunde ankündigte, rauschte, umweht vom Duft teuren Parfums und aromatischer Zigaretten, das Ehepaar Heiber mit einem jungen Mädchen und einem jungen Mann zur Tür herein. Es waren, wie gesagt, Verwandte unserer langjährigen Freunde. Was für prächtige Menschen! Ohne viele Fragen, ohne unseren äußeren Zustand bemerken zu wollen, luden sie uns ein zu einem Bad, einem kräftigen Imbiß und zum Ausschlafen in weißen, weichen Betten. Unsere Fahrräder wurden am nächsten Tag repariert und unser Weitertransport bis zu einer Adresse in Aachen organisiert.

Am Nachmittag marschierten wir an der Spitze eines Demonstrationszuges der belgischen Antifaschisten gegen das Wiederaufleben des Militarismus in Deutschland durch die Straßen von Brüssel, mit einer roten Fahne und vielstimmigem Gesang der Internationale. Und dann, auf dem Bahnhof von Brüssel, begegnete ich zum erstenmal seit meiner frühen Kindheit im Jahre 1933 wieder Deutschen aus Deutschland. Sie drängelten, stießen, schimpften und fluchten – an der Tür eines leer eingefahrenen Zuges. Eine Frau mit einem weinenden Kind wurde von Männern mit breiten Körpern und harten Ellbogen immer wieder zur Seite gestoßen.

»Warum wollen Sie denn unbedingt hier einsteigen – der Zug ist doch leer, an der nächsten Tür steht kein Mensch!« Die Frau blickte uns erstaunt an, kam mit und setzte sich mit uns in ein leeres Abteil. Sie erzählte, daß sie in England verheiratet war und nach Ostberlin zu ihrer Mutter wollte. »Ich fahre nach Hamburg mit dem Zug, und von dort aus fliege ich bis Gatow – dann rüber nach dem Osten mit der S-Bahn. Das ist am einfachsten, wissen Sie, sonst braucht man einen Interzonenpaß.«

In Köln fiel uns ein, daß die Fahrräder nur bis Aachen bezahlt waren, wir aber beschlossen hatten, auf demselben Weg nach Ostberlin zu fahren wie diese Frau. Es war Nacht. Der Zug hatte nur wenige Minuten Aufenthalt. Im September 1949 sah der Kölner Bahnhof noch nicht viel anders aus als nach dem letzten Luftangriff im Krieg. Mit sehr viel Mühe und etwas Glück gelang es uns, einen verschlafenen Bahnbeamten aufzutreiben, der – natürlich für viel zu viel Geld – den Weitertransport der Fahrräder bis Hamburg sicherte.

Der Zug war bereits in Bewegung, als wir im letzten Augenblick noch aufsprangen. Nachts wurde der Zug immer voller. Als ich gerade etwas eingenickt war, fuhr mich ein Schaffner an: »He, Sie, die Fahrkarte!« und dann: »Achtundsiebzig Mark nachzahlen!« Achtundsiebzig Mark. Der neue Wechselkurs für das kürzlich abgewertete Pfund stand, wie bereits gesagt, noch nicht fest – und man konnte uns nach Belieben betrügen. Wir bekamen die Hälfte des alten Kurses …

Hamburg war entsetzlich zerstört, überall Ruinen und Schutthaufen. Einige Leute fuhren in eleganten Autos umher und waren extravagant gekleidet. Die meisten Menschen waren aber sehr schlecht angezogen. Viele trugen Holzpantinen und umgeänderte alte Militäruniformen. Ihre Gesichter waren blaß, die Augen blickten hungrig und unzufrieden oder einfach gleichgültig und stumpf drein. Naiv fragten wir nach einer Jugendherberge. Man hielt uns für übergeschnappt: Wer wird im kaputten Hamburg, im September 1949, nach einer Jugendherberge fragen? Dennoch entdeckten wir etwas, das als solche bezeichnet werden konnte: eine Baracke auf einem Stück Brachland.

»Habt Ihr ein Glück«, sagte ein zackiger, eckiger, knochiger junger Recke, der das Geld entgegennahm, das im voraus zu bezahlen war, und der unsere Papiere überprüfte: »Übermorgen fliegt das alles hier in die Luft. Hier wird ein britischer Militärflugplatz gebaut.«

Zum Frühstück trank man »Muckefuck«, aß schlecht schmeckendes, säuerliches Brot und eine dünne Suppe. Nachts schubsten einen angetrunkene Obdachlose in die äußerste Ecke des harten Schlafgestells. Am nächsten Tag entdeckten wir eine Tischtennisplatte, klopften etwas darauf herum, wurden forsch zum Spiel aufgefordert, was wir nicht sonderlich ernst nahmen, und verärgerten dadurch die ehrgeizigen Partner, die es offenbar sehr ernst nahmen. Die Worte: »hergelaufene, schwarze Zigeuner« bezogen wir nicht auf uns; noch nicht. Als wir dann am Nachmittag auf dem Weg zum Büro der britischen Fluggesellschaft BEA von einer Horde stramm marschierender Jugendlicher das »Horst-Wessel-Lied« (ja, wirklich: das Horst-Wessel-Lied!) grölen hörten, da wurden wir etwas nachdenklich: Wo waren wir da hingeraten?

Lange mußten wir auf eine Flugkarte nach Gatow warten; die Maschinen waren immer überfüllt. Es war ein eigenartiges Gefühl, als wir dann in unserer ärmlichen Aufmachung, inmitten von Geschäftsreisenden – elegant, parfümiert – den Flug nach Berlin antraten. Ich fühlte kritisch-hämische, abschätzige Blicke auf mich gerichtet – aber nicht viele; man war hier wohl einiges gewöhnt. Es war mein erster Flug. Ich war froh, als das Flugzeug in Gatow den Erdboden berührte.

Und das war nun Berlin.

Die Stadt, in der ich 22 Jahre zuvor geboren wurde und die ich vor sechzehn Jahren mit meiner Familie bei Nacht und Nebel gerade noch rechtzeitig verlassen konnte, um nicht unter den Millionen zu sein, die als Rauchwolken aus den Schornsteinen von Auschwitz, Treblinka und Majdanek endeten. Es war ein klarer Herbsttag. Wir saßen auf einem großen Trümmerblock. Vor kurzer Zeit war er noch Teil eines soliden Mietshauses gewesen; er trug noch die Ölfarbe und die Kacheln einer Küchenwand und die geblümte Tapete einer Zimmerwand, zu der er gehört hatte, mit einer hellen Stelle, an der ein Bild gehangen haben mußte – bis zu dem Moment, da die Bombe einschlug. Ringsum lag Schutt. Wie lange würde es wohl dauern, aus dem hier wieder eine

Stadt zu machen? 15, 20, 25 Jahre? Könnte man das alles überhaupt jemals wieder aufbauen? Ein großer wankender Doppelstockbus, der an ein Tier aus der Urzeit erinnerte, tauchte auf und schaukelte langsam über den Platz. Er hielt an. Leute stiegen aus. Sie rochen alle nach Kohl. Die Luft über dem Trümmerhaufen roch nach schmutzigen Lumpen und verwestem Fleisch – vielleicht war das auch nur Einbildung. Aber jenen Geruch habe ich noch heute in der Nase, wenn ich daran zurückdenke.

Zunächst mußte ein Nachtquartier beschafft werden. Das »Kapital« war bereits stark zusammengeschmolzen. Der schnauzbärtige Polizist auf dem kleinen Revier in Charlottenburg telephonierte eine Weile herum, seiner Amtspflicht Fremden gegenüber gehorchend, hatte dann aber die Nase voll und brummte verärgert: »So 'ne Schnapsidee – heute in dem zerbombten Berlin ausjerechnet 'ne Juuuurendherberje zu suchen!!« Er schüttelte den Kopf, kramte auf seinem Schreibtisch, ergriff einen Notizblock, kritzelte etwas darauf, riß das Blatt ab und schob es uns zu. »Versuchen Sie da mal Ihr Heil: Richard-Wagner-Straße 25. So. Aber nu is Feierabend. Mein Dienst is schon lange zu Ende.«

Draußen dunkelte es bereits. Es war unangenehm feuchtkalt geworden und begann zu nieseln. Hunger hatten wir auch. Aber erstens war weit und breit kein Geschäft zu sehen, zweitens war es schon lange nach Ladenschluß, und drittens waren wir knapp bei Kasse. Wir suchten also die Richard-Wagner-Straße. Das war nicht einfach, denn in der Gegend gab es überhaupt keine Straßen; nur Ruinen, vereinzelt ein bewohntes Haus mit beleuchteten Fenstern, hie und da der fahle Schein einer Straßenlaterne; und es gab uns, mit knurrendem Magen und dem Zettel vom Polizeirevier. Da – plötzlich, ein verrostetes Straßenschild, auf dem der gesuchte Name gerade noch zu entziffern war. Ein Schild war da – aber keine Straße; zumindest nichts, was man normalerweise darunter versteht – mit Gehsteig, Fahrdamm und Häusern zu beiden Seiten. Ringsum befanden sich nur Ruinen, die als zerfranste, düstere Gespenster gegen den Nachthimmel abstachen. Es herrschte Totenstille; nicht einmal ferner Verkehrslärm war zu hören. Etwa 100 Meter vor uns stand eine einsame Laterne, in deren mattem Lichtschein der Nieselregen tanzte. Da tauchte daneben, wie aus dem Nichts, eine geduckte Gestalt auf, mit einem zerschlissenen Mantel über Kopf und Schultern geworfen; einen Augenblick lang, dann verschwand sie im Erdboden, und alles war so ausgestorben wie zuvor. Erst meinten wir, ein Phantom gesehen zu haben, doch dann beschlossen wir, der Erscheinung nachzuspüren. Dort, wo sie jäh im Dunkeln verschwunden war, befanden sich ein paar ausgetretene Stufen, die nach unten zu einer Eisentür führten. Bei einem leichten Druck gab diese nach und öffnete sich knarrend.

Verbrauchte, muffige Luft schlug uns entgegen, und dann trat aus dem Dunkel – die leibhaftige Hexe aus »Hänsel und Gretel«, eine bucklige Alte mit einem runzligen, häßlichen Gesicht und einer großen krummen Nase, die ihr fast bis zur Unterlippe des zahnlosen Mundes herabhing. Auf dem Kopf trug sie einen gestopften Strumpf, unter dem gelbgraue, zottige Haarbüschel hervorquollen. In der knorrigen, zittrigen Hand hielt sie eine Talgkerze auf einer angebrochenen Untertasse. Sie leuchtete uns ins Gesicht, blinzelte uns mit zusammengekniffenen Augen boshaft und abweisend an und knurrte: »Kennwort!« Wir reichten ihr den Zettel des schnauzbärtigen Polizisten. Sie nickte – und dabei baumelte ihr der Strumpf um die Nase, den sie als Mütze über den Kopf gestülpt hatte. Sie deutete uns an, ihr zu folgen. »Aufpassen! Hier is's glatt und naß«, krächzte sie. Das Licht ihrer Kerze war zu schwach, um die Umgebung dahinter zu beleuchten. Es war tatsächlich naß und schlüpfrig, auch die Wand, an der wir uns entlangtasteten, war feucht und glitschig. Am Ende des eigenartigen Tunnels befand sich eine Tür. Sie führte in einen Kellerraum, der spärlich beleuchtet und überfüllt war mit Menschen und einer Luft, die man hätte mit Messern schneiden können. »Nee«, knurrte die Alte, »hier is's voll.« Wir bahnten uns den Weg zwischen den Menschen hindurch und kamen in einen anderen Kellerraum, der fast ebenso vollgestopft war wie der andere. »Na ja, wenn Ihr hier noch was findet ...« sagte die Alte, blinzelte im Raum umher und zog sich zurück.

An den Wänden waren Liegen in drei Etagen. Auf jeder lagen zwei oder mehr Menschen. In der Mitte des Raums stand ein schmutziger Tisch, um ihn herum eine Holzbank. Überall saßen und lagen Männer, Frauen und Kinder. Die einen spielten Karten und rauchten, andere kauten, einige Frauen nähten, Kinder plärrten, stritten und schimpften miteinander, andere unterhielten sich murmelnd, und einige schliefen. In der Etage unter mir lag eine Familie: Eltern und zwei Kinder. Sie erzählten, sie seien »Ostflüchtlinge«. Die Kinder husteten ganz fürchterlich. Alles, so sagten sie, sei »drüben« Zwang; man habe sie sogar zwingen wollen, die Kinder in eine Tbc-Heilanstalt zu schicken. Das hatten sie nicht gewollt. Nun durften sich die Kinder in jenem Kellerloch im »freien Westen« die Lungen aushusten und eventuell noch andere anstecken. Alle möglichen Greuelgeschichten bekam man dort von sogenannten »Ostflüchtlingen« zu hören, die schließlich bei ihrer »Flucht in die Freiheit« in der Richard-Wagner-Straße gelandet waren.

Es war keine angenehme Nacht. Wie in Hamburg, in jener »Jugendherberge«, die genauso wie dieses Kellerverlies nur ein Obdachlosenasyl war, wurden wir mehrmals nachts aus dem Schlaf gerissen, weil schmutzige, vielfach betrunkene Obdachlose hereinkamen und sich auf die bereits überfüllten Liegen drängten. Die kranken Kinder husteten und weinten. Eine Frau bekam Wehen und mußte fortgeschafft werden. Gegen Morgen fiel ich in einen schweren Schlaf, doch die Nacht war bereits vorbei: »Raus, raus hier, Platz machen«, bellte eine rauhe Polizistenstimme. Es war 5 Uhr früh. Als wir uns an dem Polizisten vorbeidrückten, besah dieser unsere Papiere und brummte: »Na, sagen Sie mal, konnten Sie denn nichts Besseres zum Übernachten finden als hier?« Kopfschüttelnd gab er uns die Papiere zurück. »Passen Sie bloß auf, wenn Sie hier fremd sind, daß Sie nicht noch im Ostsektor landen ... mit den Papieren ...« Wir waren froh, wieder an der frischen Luft zu sein. Die vergangene Nacht schien wie ein Alptraum.

Im Tageslicht sah alles weniger düster und gespenstisch aus, und bald entdeckten wir sogar einen Laden, in dem es Milch und Schrippen gab. Dann fragten wir uns zum nächsten S-Bahnhof durch und fuhren in den östlichen Teil von Berlin – trotz der Warnung des Polizisten. Wir wollten einen Menschen suchen, dessen Namen und Anschrift wir noch in England von Freunden erhalten hatten: einen Schauspieler namens Friedrich Richter am damaligen Theater am Schiffbauerdamm. Der Zug näherte sich dem Bahnhof Friedrichstraße, und dort, am gegenüberliegenden Spreeufer, stand in blauer Leuchtschrift der Name des gesuchten Theaters. Wir stiegen aus; plötzlich bekamen wir einen Schreck und rannten, ohne eigentlich zu wissen, warum, in einen Winkel des Bahnhofs, um uns zu verstecken: Männer in dunkelblauer Uniform bildeten eine Kette, hielten Menschen an und durchsuchten sie. Schlimme Kindheitserinnerungen und vieles von dem, was wir in letzter Zeit über diesen Teil von Berlin gehört hatten, bewirkte, daß wir mit Herzklopfen die Vorgänge beobachteten, bis jemand in unmittelbarer Nähe sagte: »Da haben sie schon wieder einen Schieber erwischt!« In jenem Augenblick führten die Uniformierten – es waren Volkspolizisten in ihrer damaligen dunkelblauen Uniform – eine dicke Frau ab; unter ihrem geöffneten Mantel sah man mehrere Reihen von Tüchern, die um ihren Leib gewickelt waren und in denen sie Eier und Butterpakete verstaut hatte. Im Theater gab man uns zuvorkommend die Privatanschrift des Schauspielers, und wir machten uns sofort auf den Weg.

Es gibt Künstler, die große Persönlichkeiten mit den besten menschlichen Eigenschaften auf der Bühne verkörpern, im wirklichen Leben aber kleinliche, eitle Naturen sind. Heldenmut auf der Bühne kostet nichts. Mit Bravour stirbt der Darsteller beim dramatischen Knall den Bühnentod; danach steht er auf und geht essen. Es gibt aber auch Bühnenkünstler, die immer wahre Menschen sind, auf den Brettern und im Alltag. Sie täuschen nichts vor, wenn sie ihr Publikum durch menschliche Größe begeistern. Jedes ihrer Worte klingt wahr und spricht ihnen aus der Seele.

Zu diesen zählte auch der Schauspieler Friedrich Richter; zählte, muß ich leider sagen, denn er ist vor noch nicht allzulanger Zeit im Alter von fast 90 Jahren verstorben. Bis zuletzt hat er sein Publikum mit Darstellungen und Lesungen erfreut. Nicht Lärm und Bravour, sondern Bescheidenheit, Mut und Ehrlichkeit sind Qualitäten, die solche Menschen auszeichnen. Selbst in den geringsten Rollen, im Film, im Fernsehen und auf der Bühne, strahlte Friedrich Richter als Persönlichkeit und Künstler diese Menschlichkeit ebenso aus wie im Leben; in jedem Wort, in jeder Geste, jedem Blick seiner klugen, gütigen Augen. An jenem Morgen fanden wir ihn mit seiner Gattin, der Schauspielerin Amy Frank, in seiner damaligen Wohnung im stillen, grünen Amalienpark in Pankow. Er fragte nur ganz einfach: »Und was gedenkt Ihr nun hier, in Berlin, zu tun?« Dann ging er zum Telephon. »... Ich weiß, ich weiß, der Kulturbund ist keine Zimmervermittlung«, höre ich noch heute seine ruhige Stimme in den Apparat sagen, »aber ich denke, der Kulturbund hat etwas mit menschlicher Hilfsbereitschaft zu tun – oder nicht?«

Ohne viele Worte gab er uns, zwei jungen, ihm unbekannten, dahergelaufenen Menschen, die soeben auf Fahrrädern aus England gekommen waren, weil sie wollten, daß es in Deutschland keine Nazis mehr geben sollte, Empfehlungen an Menschen aus seinem Bekanntenkreis, die uns bei den ersten Schritten helfen sollten. Wenn Friedrich Richter die Worte des weisen Nathan sprach, klangen sie besonders echt ...

So hat alles angefangen – vor vier Jahrzehnten. Am 7. Oktober 1949, als wir auf den Trümmern des Prinzessinnenpalais hockten, als die Lichter der Fackeln des Demonstrationszuges zu Ehren der eben gegründeten Deutschen Demokratischen Republik die bizarren Trümmer ringsum als geisterhafte Silhouetten erscheinen ließen, war vieles von dem, was seither Wirklichkeit geworden ist, noch wie ein ferner Traum. Eine milde Sommernacht umhüllt Berlin. Zahllose bunte Lichter spiegeln sich im Wasser der Spree, auf das ich aus meinem Fenster blicke. Ich schaue zurück auf jene Zeit vor vierzig Jahren, als ich auf dem Möbelwagen von Freunden aus England – die ich zufällig in Charlottenburg wieder traf, als wir unsere Fahrräder abholten (sie waren gerade dabei, nach Ostberlin umzuziehen) –, ein lustiges Lied auf meiner alten Mundharmonika spielend, durch das Brandenburger Tor in einen neuen Lebensabschnitt fuhr ...

IV

Epilog

»Denk' ich an Deutschland in der Nacht,
bin ich um meinen Schlaf gebracht« …

Heinrich Heine, ›Deutschland, ein Wintermärchen‹

Im Jahre 1949 kam ich in das Land, das die vier folgenden Jahrzehnte die Deutsche Demokratische Republik sein sollte. Tausende, ja Millionen von Menschen blickten voller Hoffnung und Optimismus auf diesen Staat, der nach dem schrecklichen Zweiten Weltkrieg auf deutschem Boden entstanden war. Ich habe diese vier Jahrzehnte hier erlebt, vom Anfang bis zum Ende.

Fast genau vierzig Jahre nach dem Fackelzug durch die zerbombten »Unter den Linden« zog erneut eine Demonstration großer Bevölkerungsmassen durch die Straßen von Berlin – wieder aufgebaut, »auferstanden aus Ruinen, und der Zukunft zugewandt«, wie wir damals alle sangen, sogar noch Jahre nach der Gründung der DDR, als wir, bereits diskriminiert und gedemütigt, als »Kosmopoliten«, als »westliche Agenten« usw. alles immer noch entschuldigten: »Was kann man erwarten, gestern noch Nazis, können sie ja nicht von einem Tag zum anderen ›Kommunisten› oder ›Sozialisten‹ werden! Habt Geduld, es wird schon werden …«

Wir hatten Geduld, aber was ist aus den Hoffnungen und den Idealen geworden, mit denen wir aus der Emigration, aus den Lagern, aus der Illegalität zurückkamen nach Deutschland? Fast genau vierzig Jahre nach der Gründung der DDR, am 4. November 1989, zogen wir wieder voll Hoffnung die »Linden« entlang. Die Herren Genossen, die seinerzeit in »Die Partei« eintraten, weil es ihnen vorteilhaft erschien – wie es auch vorteilhaft gewesen war, nach 1933 in die Nazipartei einzutreten –, traten nach dem Fall der Mauer wieder aus; die meisten, weil es ihnen so vorteilhafter erschien, einige wenige, weil sie die Heuchelei, den Machtmißbrauch, den Mißbrauch ihrer Treue, ihres Glaubens, ihres Vertrauens nicht mehr ertragen konnten.

Ein wunderbares, befreiendes Erlebnis war die Demonstration am 4. November 1989, wo alle fröhlich, freundlich und erneut voll Hoffnung waren, daß sich nun alles zum Besten wenden werde, da alle gemeinsam die Mauer durchbrochen hatten, friedlich, ohne Blutvergießen, nun, da Gorbatschow den Weg aufgeschlossen hatte, hinaus aus der Isolierung, hinaus aus der Unterdrückung und Bevormundung durch Leute, die die Ideale von Freiheit und Gerechtigkeit beschmutzt und das Vertrauen von Millionen mißbraucht hatten.

Als aber die Massen mit hysterischem Gebrüll durch das Brandenburger Tor gestürmt waren, hörte sich das zackige Geschrei »Wir sind das Volk« sehr ähnlich an wie der Ruf vor mehr als einem halben Jahrhundert: »Ein Volk – ein Reich – ein Führer«. Und bald waren wieder überall Hakenkreuze an Wänden zu sehen; wieder gab es anonyme Telephonanrufe: »Saujude – warte nur, bald schicken wir euch wieder ins Gas!« Nächtliches Gebrüll auf dem Alexanderplatz schreckt mich aus dem Schlaf: »JUDEN RAUS! AUSLÄNDER RAUS!«

»Keinem wird es schlechter gehen!« So verkündete es Kanzler Kohl dem »Volk«. Und das Volk ging ihm auf den Leim wie Fliegen auf Fliegenpapier. Nur »DM« war noch von Bedeutung. Jetzt laufen vielen die DM aus; bald wird jeder zweite im Osten Deutschlands arbeitslos sein. Die Generation, die in der Kindheit und Jugend Verfolgung und Krieg erlebt und nach dem Krieg alles wieder aufgebaut hatte, soll heute möglichst schnell von der Bildfläche verschwinden, denn sie hat – wenigstens in Teilen – mißliebige Erinnerungen und kostet unnötiges Geld. Wiedergutmachung für Naziopfer sind heute Privilegien, die abgeschafft werden mußten.

Preise für Waren, Dienstleistungen und Mieten schießen in die Höhe, Einkommen werden weniger oder stagnieren. Millionen werden ausgegeben, angeblich um zu »sanieren«, zu »modernisieren« – in Wahrheit nur als Investitionen mit Aussicht auf viel Geld für Geschäftsleute. Grund und Boden wird verschachert, ohne Rücksicht auf die Menschen, die in den Häusern wohnen. Kranke und Behinderte, Kinder und alte Leute bringen kein Geld – also lohnt es nicht, für sie Geld auszugeben. Krankenhäuser, Kindergärten, Altersheime machen pleite. Milliarden werden für den Krieg am Golf ausgegeben. Steuern und Gebühren werden erhöht, Leistungen für die Bevölkerung gekürzt. Und das ganze nennt sich »soziale« Marktwirtschaft ... und der Osten von Deutschland wird zum Armenhaus.

Soziale Sicherheit nur unter einer Diktatur?

Freiheit nur in einer brutalen Ellbogengesellschaft?

Offenbar; im »Sozialismus« kämpften wir gegen Heuchelei, Machtmißbrauch, Karrierismus, Bürokratie, Diskriminierung, Bevormundung, gegen Isolierung von der Welt, gegen geistige und physische Knebelung, gegen Bespitzelung und Denunziantentum. Heute müssen wir wieder kämpfen, jeden

Tag, gegen das Diktat des Geldes, gegen kalte Berechnung, gegen wachsendes Verbrechertum, gegen rücksichtsloses Vorgehen und gemeinen Bruch von Versprechen.

Im Lauf der Geschichte haben sich die Menschen jede soziale Errungenschaft hart erkämpft – nichts wurde ihnen je geschenkt. Wenn wir uns nicht zusammenschließen und uns wehren, werden wir zertreten. Nun heißt es zwar, daß man protestieren, demonstrieren, kritisieren kann, ohne dafür eingesperrt zu werden, daß man ins Ausland fahren, Geld mitnehmen und dafür etwas kaufen kann. Aber wenn fast jeder zweite ohne Arbeit, ohne Einkommen ist, wenn Rentner obdachlos werden, weil sie die erhöhte Miete nicht mehr bezahlen können, wenn die Selbstmordraten steil ansteigen, wenn man sich abends nicht mehr auf die Straße traut und sich in seinen vier Wänden hinter Stahltüren, Schloß und Riegel einsperren muß, weil junge Leute ohne Zukunft zu Verbrechern werden – wie soll man dann die neugewonnene »Freiheit« genießen?

Genießen – das ist das Privileg derjenigen, die die stärksten Ellbogen haben: Ausnützer fremder Arbeitskraft, Betrüger, Erpresser, der Mafia, die schon längst keine Besonderheit von Sizilien oder Neapel mehr ist. Und – »Solidarität« ist in den letzten vierzig Jahren eine abgedroschene Phrase geworden. Hier in Deutschland – wie wohl in der ganzen Welt – denkt jeder in erster Linie an sich selber, der Kollege, der Freund wird hintergangen und unterboten, solange man selber den Vorteil davon hat. Jeder denkt, vielleicht nicht zu Unrecht: »Wer nimmt denn Rücksicht auf mich?«

Kultur ist auch heute Luxus: Theater- und Konzertkarten sind kaum mehr zu bezahlen, und jeder trägt eine so schwere Last von Sorgen in der Unsicherheit um die Zukunft, man muß so viel Kraft und Zeit für Behördengänge und das Ausfüllen von Formularen verbringen, daß die meisten keinen Sinn für schöngeistige Literatur, Musik und Kunst mehr haben; hat man Arbeit, dann ist man davon erschöpft und hat am Feierabend keine Kraft für alles, was nicht unbedingt zur nackten, materiellen Existenz gehört; verliert man seine Arbeit, dann fühlt man sich unnütz, grübelt, verzweifelt.

Und dennoch schaue ich aus dem Fenster in die Nacht, auf die bunten Lichter der Stadt Berlin, die sich im stillen, dunklen Wasser der Spree spiegeln, als wäre alles im tiefsten Frieden. Es ist spät, auf den Straßen ist es ruhiger geworden, und früh morgens singen schon die Meisen. Der Schnee schmilzt, die Berliner Luft riecht nach Vorfrühling …

Bildnachweis

Bildarchiv Preußischer Kulturbesitz, Berlin: S. 23, 24, 25 oben, 26, 69
Hulton Deutsch Collection, London: S. 105, 106, 107, 108
Stiftung Dokumentationsarchiv des Österreichischen Widerstandes, Wien: S. 70, 71, 72
Ullstein Bilderdienst, Berlin: S. 25 unten

«Auffallend häufig wurden wir auf das im Freiburger Ahriman-Verlag erschienene Buch von Beate Mittmann und Peter Priskil über "Kriegsverbrechen der Amerikaner und ihrer Vasallen gegen den Irak und 6000 Jahre Menschheitsgeschichte" hingewiesen. Nicht alle politischen Bewertungen finden Beifall, aber viele der zahlreichen Fakten auf den 365 Seiten sind sonst nicht zu lesen.»
FRIEDEN 2000, Starnberg

365 Seiten, 121 Abb., DM 29,-
ISBN 3-922774-68-7

Beate Mittmann und Peter Priskil haben sich mehrere Wochen als Gäste des Ministeriums für Kultur und Information im Irak aufgehalten. In ihrem Buch berichten sie über die Auswirkungen der US-Aggression gegen das Land und entlarven die westliche Propaganda vom "chirurgisch sauber geführten Krieg" als Zwecklüge. Einen besonderen Schwerpunkt der Recherchen bildet die Vernichtung der historischen und kulturellen Reichtümer des alten Mesopotamien. Die Verfasser haben, soweit möglich, die bedeutendsten historischen Stätten und Museen des Irak besucht und sich vor Ort ein Bild vom Kulturvandalismus der amerikanischen Soldateska gemacht. Sie veröffentlichen erstmals eine Liste mit all den Kulturschätzen, die von GIs und iranischen Marodeuren geraubt worden sind und in internationalen Auktionshäusern verschachert werden.

Dieses Buch ist die einzige authentische Dokumentation in deutscher Sprache über den Irak als das Warschauer Ghetto der Gegenwart. Wie bei diesem sollte man hinterher nicht sagen, man habe nichts davon wissen können – denn auch die Verfasser fanden schließlich einen Weg, die andere, das heißt die schwächere Seite zu hören und sogar zu sehen.

AHRIMAN-Verlag

Voranküdigung:

AHRIMAN-*flugschrift nr.6*

Von Ehrenberg bis Seehofer

Reportagen und Analysen
aus dem Gesundheitswesen

Herausgegeben von einem Autorenkollektiv

DM/sFr 15,-, öS 120,-, ca. 150 S. ISBN 3-89484-400-0

Diese Flugschrift ist zum einen ein Buch von Ärzten für Ärzte; wir haben hier unsere Beobachtungen und Erfahrungen zusammengetragen, die wir allen im Gesundheitsbereich Tätigen und Studierenden zur Diskussion stellen wollen. Aber es wendet sich nicht nur an jene, die zum verlängerten Arm einer menschenverachtenden Politik degradiert werden sollen. Vielleicht wird der eine oder andere, der sein Taxi zum Arzt nicht mehr bezahlen kann, der ohne Zähne in die Kamera lächelt oder beim Doktor eine Gesundheitspredigt statt der notwendigen Medikamente erhält, doch an einem Überblick und einem Verständnis der herrschenden Verhältnisse und ihrer Hintergründe interessiert sein.
Die einzelnen Kapitel widmen sich den Fragen, wie der Marsch in die definitive Billigmedizin historisch vonstatten ging (Kapitel 1), wie die propagandistische Vorbereitung dafür aussah (Kapitel 2) und wie es diesem Staat gelingt, aus Ärzten willfährige Handlanger dieses Unternehmens zu machen (Kapitel 3). Darüber hinaus stellt ein Kapitel über die Zustände in der ehemaligen DDR das Verfahren und Prinzip der Demontage des Gesundheitswesens sozusagen noch einmal in Zeitraffer dar - die Installation westlicher "Werte" in statu nascendi (Kapitel 4). Kapitel 5 schließlich illustriert die Gegenwart durch einige Reportagen von Ärzten aus Praxis und Krankenhaus, die gewissermaßen hinter den Kulissen die Auswirkungen der "Reformen" beobachten können, die für den Patienten sicher viele aufschlußreiche Details - von der anderen Seite - enthalten. Das letzte Kapitel stellt einen Ausblick dar - ein Blick über den Teich, in die USA, denn dort sitzen die Vorbilder und Strategen dieser neuen Weltordnung, die äußerst genaue Vorstellungen davon haben, wie es dem Rest der Welt ergehen soll - solange er sich nicht wehrt. Amerika zeigt, wo auch das deutsche Gesundheitswesen enden wird, und wir empfehlen, sich davon, wie von der eigenen Geschichte und Gegenwart, eine klare Vorstellung zu machen.

AHRIMAN-Verlag